和諧寧靜 心和平

靈鷲山 2012 弘法紀要

Annual Collection of Dharma Propagation
of the Ling Jiou Mountain
Buddhist Society 2012

富貴

平安

癸巳年 心道

2012 導言

一部好萊塢電影，使得馬雅末日預言一夕之間甚囂塵上、家喻戶曉，這是充斥詭譎氛圍的2012年，既期待卻又不安。人往往在面臨死亡威脅時，才體悟到生命的難得與可貴。何謂生？何謂死？生死如幻，把握住每一個當下，才是真實。在「末日」來臨前夕，心道師父應墨西哥馬雅文化節之邀，發表演說即提到：「當下的生命是實際的，我們活在當下的時候，就沒有那些恐怖。」把心確認在當下，不斷地認持它，以直心為道場，念念清明，就不再受生死流浪之苦，《楞嚴經》說道：「出離生死，皆以直心」。

末日之說不過是來自於人心妄想，末日是假，妄想是假，只有不起念的心是真的。為了祥和騷動不安的人心，心道師父特別於4月1日至21日發起「21日百萬大悲咒願力閉關」活動，號召四眾弟子共持一百萬遍〈大悲咒〉，匯聚十方願力，共同為地球祈福。

此外，師父在2012於印尼雅加達召開的回佛對談，以「全球化時代下的宗教責任與使命」為題發表演說，明白指出末日說法使得人心更加浮動徬徨，愈益功利與偏激，他期許各宗教之間應摒除萬難的通力合作，引導人們學習以正

面的態度面對挑戰與威脅，在適當時候給予關懷疏導。師父並提出現代宗教的三項使命：生命關懷、心靈提升、社會實踐，做為今後宗教的前瞻責任。

師父受邀參與Fetzer Institute基金會於義大利舉辦的「全球大會：愛與寬恕的朝聖」會議，也針對末日議題再次發表看法，他認為人心是任何變動的關鍵，唯有將人心引導向善，才是撥亂反正的正軌，宗教的禪修、祈禱方式，莫不是回歸心靈最佳的終南捷徑。

「心和平，世界就和平」、「隨其心淨，則佛土淨」，面對煩躁的末日氣息，特別需要心靈的安適。靈鷲山秉持著師父的信念，向來不遺餘力的推廣心靈寧靜運動，2012年的寧靜運動於11月10日在新北市中和區四號公園舉行，體驗讓心回到原點的自在，無疑是現代人的一帖清涼藥方。心道師父在2012年初為期9天的美國海外弘法「心和平之旅」，亦不吝於將這份的心靈體驗分享世人、傳播海外。

回歸心的原點，追尋佛的印跡。對於佛弟子來說，一生中難得的殊勝體驗莫過於尋訪當年佛陀行道的足跡。為了深化修持的道心，3月23日到4月2日，

靈鷲山教團在師父的帶領下展開11天的印度朝聖之旅,造訪佛陀出生、成道、轉法輪與涅槃的地方。爾後將此行難得的見聞集結成《印度朝聖 佛陀在否—苦行、淨行、梵行、願行、朝聖殊勝行》一書。

2012年在師父的法教方面,莫過於《停心》的出版。以具體的實修體驗,佐以禪法思想,不啻是近年來師父修行的淬鍊精華。坐禪其實是一種難以形諸於筆墨文字之間的經驗,師父以輕鬆的口吻、融通的豁達,系統地闡述禪修心要,精彩萬分。在呼吸之間的淨澈明亮,不妨好好用心體會!

最後,特別值得一書的是世界宗教博物館這兩年的開創性規劃。首先,宗博館與北京首都博物館首度合作,展出「智慧華嚴—北京首都博物館佛教文物珍藏展」,從2011年底作為宗博館慶賀禮以來,一直延續到2012年年初。各方佳評如潮,可以說是彌足珍貴的智慧資糧。其次,宗博文化生活館的籌畫完成,落實融通信仰與生活之間的構想,將心道師父的理念:「當下生活需要信仰的力量」具體實踐,提供現代人在喧囂的都市叢林裡一處難得的心靈寧靜的藝文淨土。

2012年是如此地幻化難測，眾人彷彿都在為「末日」那一刻倒數，在期待
與惶恐中度過。心是沒有方向，也沒有終點，無須期待，更不用惶恐，在真心
中，我們不生不滅。祝願大家平安自在、法喜充盈！

　　　　　　　　　　　　　　　　　　　　　釋了意 合十

目錄

2012 總論

古老的馬雅文明曾預言2012年是地球末日，全球在這一年的確經歷了許多天災人禍的考驗。全球的溫室效應，引起各地天候的異常變遷，包括日本311海嘯等重大災難，而福島核災、中東地區的持續衝突、北非國家不穩定的政局、加上歐債問題的牽連，再創各國經濟。在這個多災多難、人心惶惶的環境下，仍然有許多人抱持著一顆祝福的心，為這個世界、所有人類一心祈禱，全力努力著。

心道師父認為：「地球災難的發生，是源自於我們的自心，因為外在環境是相應於人心的貪瞋癡，人心越混亂的時候，環境也會跟著產生越多災難。所以我們應該了解『地球一家』，不只是人與人之間彼此是兄弟姐妹，這個地球更是我們共同居住的唯一的家。」心是一切問題的根源，如果我們可以藉由禪修來轉換心的衝突為和諧，將「愛與和平」的理念，環扣到個人的生命、生活，環扣到社會、整個地球，那麼愛與和平的世界終將能實現，這正是心道師父成立靈鷲山教團的願景，就是希望以「心和平，世界就和平」的理念，推動這份愛地球的工作。

「慈悲與禪」是靈鷲山的宗風，禪是內在的修證，慈悲是外顯的弘化。一分禪、九分禪、雲水禪等各項禪修的舉辦，以及心寧靜運

動的推廣，轉換一般大眾對於禪修的刻板印象，將禪落實在學生的課程中、日常生活的點滴中，成為轉換情緒、心境的最好良方。此外，教團常年舉辦的所有弘法活動，水陸法會、圓滿施食法會等，都是為了度眾生勤習佛法，是慈悲的顯現，也是心性作用的顯現。2012年更首度展開「百萬大悲咒願力閉關」，以眾人共修的力量為全球祈福，以信仰的力量，祈願所有有情眾生，都能安然度過這個天災不斷、到處充滿戰爭與衝突的一年。

靈鷲山教團成立的目的，是在追求「愛與和平」華嚴世界願景的實現，從個人轉換內心的衝突為平和、寧靜，到讓寧靜的花朵於各個地方綻放，進而環扣到世界和平的締造。因此，靈鷲山透過世界宗教博物館（以下簡稱「宗博館」）此一和平平臺，連結個人與家庭、社會，連結宗教與族群，體悟地球家生命一體的精神。2012年，心道師父繼續推動宗教對話與交流，於印尼舉辦一場回佛對談，也受邀到美國的聖母大學發表演說。而在當今普遍對靈性修養提升的反省下，師父更致力於將儒釋道文化帶回對岸，重新灌溉經濟飛速發展卻渴望深耕靈性的中國大陸。

一、大悲行持、祈願地球平安

從少年時期聽聞觀音菩薩聖號，感動落淚並發願學習觀音菩薩聞聲救苦，心道師父一直以觀音菩薩為其追求了生脫死、濟度眾生的導師。2012年，在觀音菩薩護持下，靈鷲山用21日的〈大悲咒〉閉關，以超過百萬遍的〈大悲咒〉共修功德，迴向地球平安；

為了推廣觀音信仰，並於各地區講堂推動觀音課程，結合〈大悲咒〉共修以及善知識說法之方式，讓大眾能在日常生活中持誦〈大悲咒〉，長養慈悲心；另於8月初，假靈鷲山臺北講堂邀請國內宗教民俗學者與靈鷲山法師分享觀音菩薩信仰的種種面向，以及靈鷲山在推動觀音信仰上的貢獻與成果。明年度（2013年），靈鷲山將繼2011年後，與中國觀音信仰中心普陀山再續前緣，贈送一尊靈鷲山的多羅觀音至普陀山安奉，這將是兩岸觀音信仰道場另一場重要的盛會。

百萬大悲咒願力閉關

〈大悲咒〉一直是靈鷲山信眾的日常功課，心道師父一直鼓勵弟子日常至少要持誦108遍的〈大悲咒〉。根據《大悲心陀羅尼經》記載，持誦〈大悲咒〉可獲得十五種善生、不受十五種惡死，所求如願、隨願往生與修行證果等無數功德利益。心道師父說：「過去九十九億佛因為持〈大悲咒〉而成佛。未來，也會有非常多的人因為〈大悲咒〉的關係而成佛。所以我們持〈大悲咒〉就是積聚善緣、積聚資糧，以及很多的大慈大悲的精神，共同來成就佛道。」

為了更精進持誦〈大悲咒〉，靈鷲山從2008年開始，於地區講堂舉辦「百萬〈大悲咒〉」共修，以每月共修的方式持誦。2012年，靈鷲山為積聚共修力量，以眾人之力祈願地球平安，於2012年4月1日至4月21日，首度於總本山華藏海大殿舉辦「21日百萬大悲咒願力閉關」，並於閉關圓滿後隔天（4月22日）世界地球日，舉辦「百萬禮讚愛地球」活動，以行動呼籲世人以宗教心、和諧

心、關愛心三個百萬愛護地球。在這21天，眾人共同持誦了132萬3661遍的大悲咒。

北宋四明知禮大師曾說，修懺行法「觀心」為要。心道師父也說：「我們應一心念誦〈大悲咒〉、觀想觀音菩薩的悲心願力，長養我們的大悲心，迴向地球平安，消弭災難。」近年來，地球天候異變，11月侵襲美國東岸，造成紐約地區慘重災情的珊蒂（Sandy）颶風，以及12月初侵襲菲律賓的寶發（Bopha）颱風，這類詭異的天候，讓人不禁想起馬雅的「2012末日」預言。現實上，預言雖未實現，但也足供人們警惕，一味地過度消費地球資源，卻不懂得保護、維護地球生態環境，大自然將會反噬，人類終將自食惡果。

心道師父多年來與世界各地的宗教領袖交流的經驗，所有的宗教人士都同意：「我們只有一個地球，是大家安身立命的地方」的共識，各宗教都該為地球的平安貢獻一份心力。此次，靈鷲山以觀音菩薩的悲心願力，以眾人閉關共修〈大悲咒〉的實際行動，並提出「百萬禮讚愛地球的宗教心、百萬微笑護地球的和諧心以及百萬植樹助地球的關愛心」等三個百萬愛地球行動，於閉關圓滿日的隔天（4月22日），也是世界地球日當天，舉辦「百萬真心　地球平安」活動，希望集眾人閉關之功德迴向地球平安，相信眾人在觀音菩薩的護持下，以每個人持誦〈大悲咒〉的念力，以及觀音菩薩的願力、〈大悲咒〉的慈悲力，必能轉換地球的危難，消弭災劫。

印度朝聖

《大般涅槃經》卷中佛云:「若比丘、比丘尼、優婆塞、優婆夷,於我滅後,能故發心,往我四處;所獲功德不可稱計,所生之處,常在人天,受樂果報,無有窮盡。」自古以來,朝禮佛陀出生處、成正覺處、初轉法輪處、入大涅槃處等聖地,為佛子畢生之願。2012年3月下旬,靈鷲山舉辦「印度尋道——覺者足跡」朝禮佛陀聖地之旅,由心道師父帶領來自世界各地信眾約200人的大型朝聖團,參訪印度佛教遺跡。在11天的行程中,朝聖團一路朝禮了藍毗尼園、尼連禪河畔的苦行林、菩提迦耶、鹿野苑、王舍城與竹林精舍、舍衛城與祇樹給孤獨園、印度靈鷲山、拘尸那羅、南登格爾與那爛陀大學遺址等佛教聖地,追尋佛陀出生、苦行、證悟、說法、涅槃等聖地朝禮參拜。

宗教聖地是成就者於此修行、證悟的處所,充滿正面的能量,讓人歷此地油然而生慕道之情。心道師父說:「聖者曾經修行過的地方,就有祂的磁場,所以我們到聖地朝拜,能讓自己的道心堅固。」朝聖的目的,在於朝聖的過程中,佛弟子以虔敬的心,生菩提心、慈悲心,發眾生離苦得樂、了生脫死的願力,因此靈鷲山將「朝聖」列為四大弘法志業之一,讓佛弟子朝禮聖地,能與聖者的心相應,堅定佛弟子求道的決心與信心,更精進效法求道。所以,為了讓朝聖團成員能在朝聖過程中,沉浸在佛陀的教化與法喜之中,靈鷲山特別於菩提迦耶正覺大塔菩提樹下啟建華嚴懺法會、於鹿野院繞塔禪修、並於南登格爾啟修觀音百供,全程每至

一處聖地即禮請心道師父陞座為大眾說法。

2013年，靈鷲山將再次組團前往不丹，由心道師父帶領大眾朝禮佛教聖地，沿途亦將安排善知識說法、禪修、拜懺、修法等活動，讓朝聖團除了用心感應聖地的神聖與美麗的風景，也將是一趟充滿法味與法喜的旅程。

佛法大使　與師有約

靈鷲山護法會是心道師父社會教化的中堅力量。由於護法委員們無私的奉獻，才讓靈鷲山能夠完成宗博館的建設、推動生命教育、「愛與和平」的宗教交流，以及推廣寧靜運動，成為社會一股安定的力量。無數辛勞的委員不畏風雨、不畏路途遙遠，為了心道師父建設和平無爭、相互輝映的華嚴世界志業，竭盡心力地向大眾宣揚「愛與和平」的理念。因此，心道師父為了讓委員、儲委與準儲委能對靈鷲山的佛法志業有更深入的認識與更深層的認同，從2011年10月開始，於全臺各地護法分會舉辦「佛法大使　與師有約」的座談活動。這是心道師父近年來難能可貴地至全臺各地講堂與護法委員面對面座談，聽取委員弘法的心得，激勵委員精進辦道，護法、弘法的衝勁與決心。

為了把握這難得能夠面對面接受師父教導的機會，每一場的「與師有約」活動，都由各區護法分會先彙整出委員在弘法過程中遭遇的困難，以及如何達成護法分會的弘法目標，藉由這難得的機會向師父請教，請師父為大家指點迷津，讓護法委員在弘法之時獲得更充足法的力量。

為了佛法弘化，靈鷲山積集眾人的善心願力，以一人每月繳交一百塊會費，聚沙成塔、涓滴成海的方式，推動「慈悲與禪」的宗風，「愛與和平」的理念。心道師父說：「收一百塊是收心，收他們來學佛，輔導他們學佛，使他們發心護持三寶，延續正覺、正念的生命。」師父認為讓委員這麼辛苦一百塊、一百塊地去募會員，重點不在於會費的多寡，而是每個一百塊就是一份的緣，一份接引眾生學佛的緣起，就是播下一顆正覺的種子，所以一百塊的會費就是無盡的慈悲。

靈鷲山的弘化志業，不管是世界宗教博物館的建設、水陸法會的啟建、生命教育的推廣，都是為接引眾生學佛，接引眾生離苦得樂，投入佛法的志業，在眾生中耕耘自己的福田，蓋自己的福氣。所以心道師父說：

雖然宗博已經開館，但是植福的事業永遠都做不完。

二、心寧靜、地球和平

「禪」是中國佛教之精華，是心道師父成就的心法，靈鷲山亦以禪為道場宗風。心道師父的禪是解脫與成就的方法，也是生活的準則。在資訊紛雜的今天，唯有簡單、樸實的禪，才能讓人在茫茫的資訊叢林中，不會迷失性善的本質，回歸心性。自從2009年以來，心道師父萃取寂靜禪法的精髓化為一分鐘禪，以「深呼吸、合掌、放鬆、寧靜下來、讓心回到原點」的五個口訣，隨時讓心寧靜下來，讓大眾享受「心寧靜」，讓一天的能量從寧靜開始。心道師父認為，這個世界上所有的爭端，來自於心，心是一切問題的根源。我們要做的就是把心的衝突轉成和平，把內心的不和諧、不安定轉成和諧、安

定，創造和平。心道師父說：「回到內心的和諧，那就是禪。禪就是把心找回來，找回本心。」靈鷲山在道場、在寺院、在社會上推動禪修，就是為了找回充滿和諧的本心。

江蘇無錫傳法

中國傳統的儒釋道文化，在天人合一思想的引導下，重視人內心的平和，重視人與自然的和平共處，相對於西方文明適者生存的競爭法則、個人主義思想，更符合現代人對精神生活追尋的需求。心道師父一向主張，現代社會受到多元文化的衝擊，應以傳統的儒釋道思想開創出新的文化價值，讓後代受到儒釋道文化的薰陶，體悟人與天地萬物生命一體的意義與快樂。

近年來中國大陸經濟快速發展，人民逐漸富裕起來，在物質生活逐漸充實的今天，開始對精神生活迫切地追尋與探求。禪修是生命最好的精神食糧，透過禪修讓人摒除外界的喧囂吵鬧，獲得內心寂靜的快樂，抒緩現代生活的緊張與焦躁。心道師父曾在2000年應河北柏林禪寺方丈淨慧法師之邀，到趙州從諗禪師祖庭傳授禪修；2011年，應邀至廣州六榕寺中國禪宗六祖慧能大師剃度祖庭傳授禪法；2012年10月初，心道師父應邀至江蘇無錫蠡湖畔的香樟園教授三天兩夜的「指月靈山　雲水禪三」禪修傳法。三天的禪修中，在心道師父的帶領下，學員放下纏身的俗務，聆聽自心的聲音，聆聽寂靜，學習放下，追尋無我的體證。心道師父開示說：「『無我』不是沒有我，而是沒有一個地方叫做我，沒有一個地方不是我；而『放下』不是什麼都不做，而是放下我執後，重新提起，我們可以對社會、國家、人類做出更多的貢獻。」

這三天的傳法，讓學員學習到禪並不神秘，禪是在生活中時時觀照，以平常心處事，活在當下；也讓學員學到，禪其實就是簡單樸實的生活，越簡單，就越能夠體會到單純的快樂。師父說：「禪，是回歸本來，回到最原始的自己，是最安穩、最自在、圓滿具足，不需外求的生命！」

河南佛學院傳法

11月初，心道師父受河南佛學院副院長隆藏法師邀請，為佛學院學生傳法。中國大陸佛教受到文革的影響，僧材的傳承出現斷層；改革開放以後，逐漸開始培養年輕的法師，弘揚正信佛法。臺灣佛教之蓬勃發展，得力於自中國大陸來臺的高僧大德，將中國千年來的佛教傳統帶進臺灣，並讓臺灣完整保留漢傳佛教傳統，並發展出適應現代社會發展的弘法模式。所以心道師父即認為，臺灣的佛教應將佛法帶回中國大陸，積極促成海峽兩岸的佛教交流。因此，從1988年，臺灣開放人民前往中國大陸觀光不久，師父即帶領徒眾前往中國四大名山等地參訪、交流。2011年，更與普陀山交換觀音塑像，迎請普陀山普濟寺毗盧觀音重鑄身安奉靈鷲山，2013年亦將回贈靈鷲山的多羅觀音至普陀山。

心道師父一向重視佛法傳承，也一再勉勵年輕法師發大願擔負起如來家業，弘揚佛法、普度眾生。這次在河南佛學院的傳法，師父除為在場僧眾法師傳授寂靜禪法，亦勉勵年輕法師落實修行，行願弘法。

心寧靜教師研習

靈鷲山從去年（2011年）與世界宗教博物館生命教育中心、生命領航員聯誼會以及

中華激勵協進會等多個社會團體，以生命教育的理念，結合心道師父的一分鐘禪，在中小學校園推廣「心寧靜」運動，並舉辦多場「心寧靜教師研習營」活動，讓中小學學生從小即學會隨時寧靜自己的心念，藉由寧靜來轉化內心的矛盾衝突與焦躁不安為和平、安定，增加學習的專注。2012年，靈鷲山更與各地護法分會與講堂合作，於北中南各地分別舉辦多場的心寧靜研習活動。

不同以往禪修的推廣，需要到叢林道場靜心絕慮進行禪修。靈鷲山的心寧靜推廣，結合生命教育的方式，在課堂上教導小朋友在生活中隨時保持內心的寧靜，尊重生命、珍惜生命，才能開創生命。而引導小朋友靜心的引領者就是學校的老師。因此，靈鷲山在去年（2011年）就設計了一套適合中小學學生修習的「心寧靜」生命教材，並舉辦兩期的「心寧靜教師研習營」。2012年，靈鷲山更與各地護法會與講堂合作，於北中南各地分別舉辦多場的心寧靜研習活動，讓「心寧靜運動」的推廣，不僅只是在校園內推廣，更擴大到社區中，以社會運動方式，推廣這份讓社會安定的寧靜體驗。

寧靜運動

繼2011年於新莊運動公園後，2012年11月10日，靈鷲山再次與新北市政府合作，結合心靈環保與生態環保，於新北市永和區的四號公園舉辦「2012寧靜運動心光祈願會」。每年的寧靜運動都是所有靈鷲山信眾與社會大眾齊聚一堂，共同體驗禪修快樂的時刻。尊重生命、愛護生命不僅是大眾對有情生命正確的認識，也是佛弟子基於「同體大悲」生命共同體的正見。靈鷲山從2003年開始每年舉辦「萬人禪修」，即是以生命共

同體的思想，尊重地球以及其上生存的有情萬物，也希望以禪修的力量，為紛雜的社會秩序提供一處寧靜的空間；到了2008年，靈鷲山擴大萬人禪修的參與層面，結合當代節能減碳環保意識，推出「寧靜運動」，以減音、減食、減碳及寧靜、愛心、對話、素食、環保袋、節能、減碳、節水、綠化等九大生活主張，並簡化心道師父的寂靜禪法，以一分鐘禪適合忙碌的現代人隨時觀照內心的變化，寧靜自己、關懷他人。

三、華嚴世界、圓融無礙

2001年世界宗教博物館在臺北永和正式開館。從1989年規劃籌建宗博館到今天，已經20餘年，這段期間，靈鷲山透過宗博館這個平臺在全世界推動「心和平，世界就和平」以及「尊重、包容、博愛」等華嚴世界的理念。2012年甫開春，心道師父即受邀到美國印第安那州的聖母大學演講；7月時於印尼舉辦一場回佛對談，並於10月受費瑟基金會邀請，到義大利的阿西西島（Assisi）參加費瑟「全球大會：愛與寬恕的朝聖」會議。

與費瑟基金會（Fetzer Institute）的交流與合作

1. 美國聖母大學演說

2012年甫開春，2月初心道師父受邀前往美國芝加哥的聖母大學（The University of Notre Dame du Lac），與該校師生分享「轉換自我與世界：一個佛教徒的靈性故事」。心道師父在演說中，與該校師生分享多年提倡跨宗教對話的經驗，以及如何把宗

教融入於生活，時時刻刻觀照自己的內心與靈性。

心道師父此次的參訪，是受到費瑟基金會的邀請。費瑟基金會結合各領域的人士，包括：教育、人文、醫療、企業、科學、宗教等領域，在國際社會上推動「愛與寬恕」。費瑟基金會總裁兼執行長為前哈佛大學世界宗教研究中心主任的蘇利文博士（Lawrence E. Sullivan），是心道師父多年的國際友人，大力協助宗博館的籌建，並促成師父這次的參訪與演講。這次心道師父也特別拜訪蘇利文博士，為未來宗博館與費瑟基金會合作交流，奠下良好的基礎。

2. 第十三屆回佛對談——亞洲宗教的愛與寬恕

7月，宗博館與費瑟基金會再次合作，於印尼雅加達舉辦了「第十三屆回佛對談——亞洲宗教的愛與寬恕」。自古以來，宗教之間的衝突與對立，往往引發爭戰，造成人類生命與財產的巨大浩劫。二次大戰後，西方基督教文明與阿拉伯伊斯蘭世界間的衝突，引發無數的戰爭與恐怖行動，尤其2001年的「911」恐怖攻擊事件，更讓世人警覺宗教間的衝突對立，必須獲得世人嚴肅的對待。心道師父創建世界宗教博物館的目的，即是看到了人類面對的問題，唯有讓各大宗教透過充分的溝通、瞭解，才能化解衝突對立的存在，引導世界和平的實現。其實每一個宗教的出現，都是為了解決人類的痛苦，為了讓

人獲得喜樂，而不是在製造仇恨與衝突。

因此，透過世界宗教博物館此一平臺，心道師父從2002年開始以一位佛教修行者的身份，邀集基督宗教與伊斯蘭教等各個不宗教信仰的領袖，透過公開、無私的對談，大家共同尋找彼此宗教的最大公約——愛，理解彼此的差異，一同為和平努力。

這是心道師父第二度來到印尼舉辦回佛對談。東南亞地區一直是佛教與伊斯蘭教信仰參雜的地區，印尼更是全世界最多穆斯林的國家，但是各不同宗教信仰之間卻是和睦相處，鮮少發生激烈的宗教衝突，宗教反而成為社會和諧的一股安定力量。本次回佛對談的主題「愛與寬恕」，正是探討不同宗教信仰間如何藉由愛與寬恕達到社會安定和諧的目標，而這個目標也是心道師父追求愛與

和平世界的目標。

3. 愛與寬恕的朝聖

9月時，心道師父受邀前往義大利阿西西島（Assisi），參與費瑟基金會年度重要會議「全球大會：愛與寬恕的朝聖」。來自全世界各領域，包括教育、人文、醫療、科學、宗教、企業等16個領域的500位領袖，在這次國際活動中分享並省思愛與寬恕的典範、學習如何轉變世界。心道師父以貴賓身份出席此次會議，並獲大會慎重介紹修行歷程以及創建宗博館「愛與和平」的理念。阿西西島是天主教著名的聖地，為13世紀時，修士聖方濟（St. Francis）長期隱居修行的小島。聖方濟於此發願建設一個神聖的國度，並創建聖方濟教派，以禁欲、甘於清貧為號召，與心道師父的苦行頗為相似，而師

父感於修士的願行，亦虔誠禮拜。心道師父在國際上提倡跨宗教對談，就是抱著這份圓融、平等、謙卑的心與各宗教交流，贏得了各宗教領袖的尊敬。

儒釋道文化的傳承——兩岸宗教文化的交流與傳承

1. 北京論壇

臺灣社會保存了中國儒釋道文化的精華，尤其，臺灣佛教更是直接源自中國大陸，二次戰後眾多的法師從中國大陸來到臺灣弘法，造成今日臺灣佛教興盛的現狀。而今，中國因為經濟逐步的發展，人民富裕了，開始對靈性及精神生活產生渴望。心道師父認為，中國的儒釋道文化，是汲取這塊土地的養分發展出來的文化，數千年來支撐中國的社會倫理關係、提供道德價值，架起社會的框架與秩序，並提供這塊土地上的人們精神的食糧；特別是在今天西方物質文明過度發展、社會倫理價值崩壞的今天，有識之士已經逐步體會到應該以東方精神文明來平衡這種失序現象。

因此，心道師父認為應該思考賦予儒釋道文化新的思考與詮釋，並加以實踐，特別於2012年11月初與北京大學哲學系合作舉辦「儒釋道思想與當代生活的詮釋及實踐」研討會，邀請了兩岸的文史學者，共同研討儒釋道文化在現代社會實踐的方法。心道師父表示：「儒釋道三家的謙卑、尊重、含蓄、儒雅、氣節、大智、大慈悲、大無畏的活水源頭，深藏於中國人的生活態度之中。」並特別提及佛教自印度東傳至中土後，揉合中

國本土儒家的天人合一與道家自然虛靜的思想，成為具中國特色的禪宗。對於中國禪在現代社會的實踐，心道師父特別提到四個方向：一、禪是了無牽掛的平常心，二、禪是明白因果負責任的生活，三、禪是普世慈愛的和諧生活，四、禪是環保愛地球的樸實生活。

靈鷲山自開山以來，一直非常注重佛教學術以及思想上的交流。從1990年創設「國際佛學研究中心」，期間曾首開先例，興辦多場的海峽兩岸佛學交流研討會。2004年，與中國社會科學院世界宗教研究所合辦「全球化進程中的宗教文化與宗教研究」海峽兩岸學術研討會。2005年更受邀至北京大學哲學系發表「從本地風光到華嚴世界」演講，細數心道師父的修行體驗以及靈鷲山開山以

來，以呈現華嚴世界的願景，開展的種種志業。這場演講獲得在場師生的熱烈迴響，並對靈鷲山的各項弘化志業皆有一定的認識。同時，靈鷲山也與北京大學哲學系簽署「宗教對話講座」備忘錄，為雙方未來持續合作，奠下善因緣。

2. 北京首都博物館「臺北世界宗教博物館宗教藝術文化特展」

繼2011年，世界宗教博物館與北京首都博物館共同舉辦「智慧華嚴——北京首都博物館佛教文物珍藏展」，展出珍貴佛教文物，以慶賀宗博館開館十周年。2012年年底，宗博館禮尚往來，特別策劃「臺北世界宗教博物館宗教藝術文化特展」在北京首都博物館展出。心道師父表示：當初之所以成立「世界宗教博物館」，就是希望能夠提供

一個平臺，讓民眾理解宗教裡各種不同文化層面的意義。這次展覽以宗教藝術文化為主，希望對參觀者有所啟發，也由各宗教美好的、正面的能量，發掘自己的生命目標，找到生命的源頭，也從宗教藝術之美見證每一時代的心靈之美。」

此次，世界宗教博物館以高科技、多媒體互動劇場獨特的展示手法，結合宗教文化藝術的神聖與美學，提供觀眾一個從藝術文化角度來認識世界各大宗教的機會，在同一個展示空間裡即能接觸、探索世界各大宗教，見識到深遠而多面向的宗教知識，甚或體認出各宗教信仰間的共通性與存在價值。心道師父創設世界宗教博物館，即是希望觀眾來到博物館，認識世界各大宗教，進而了解「尊重、包容、博愛」的華嚴生命理念。

3. 雲南心和平之行

鄰接緬甸、泰國、西藏的雲南是心道師父的故鄉，也是一處擁有南傳佛教、藏傳金剛乘以及漢傳佛教等三乘傳承的佛法昌盛地方。去年（2011年），師父應中國佛教協會副會長、雲南佛教協會會長刀述仁先生邀請，前往為二戰期間的雲南遠征軍忠魂歸國超薦法會，師父當時即建議應為這些英靈啟建水陸空法會。2012年，心道師父再度來到雲南，參加雲南佛教協會於來鳳寺為雲南遠征軍啟建的水陸空大法會。心道師父表示：「多民族的雲南，三乘包容共榮的特色，解釋了我身上流傳的血脈基因，這些緣起把我帶往緬甸，帶到了臺灣，實踐了一段華嚴與禪的弘法志業。」此行，心道師父也參訪了雲南佛學院，為佛學院學生們分享與開示。

佛學院以傳承三乘法脈為其特色，與師父主張的三乘傳承，以及靈鷲山開辦三乘佛學院具有相同理念與作為。心道師父一向認為「三乘法脈都是佛的遺產，都是佛陀留給我們的寶藏，皆需弘揚與傳承。」

靈鷲三十，願力無盡

2013年是極具意義的一年，首先，世界安然度過末日傳言，而靈鷲山也即將迎來開山30年的日子，另外靈鷲山自1994年啟建的水陸空大法會，也即將邁入第二十年。回想開山以來，全球社會經歷前所未見的快速變化，維繫社會安定的倫理價值正快速崩解，蘇聯解體、冷戰結束，不同宗教文明間的衝突，轉而越趨激烈，「九一一」的恐怖攻擊震撼人心。靈鷲山教團的成立與成長，正處於這樣的時空環境。心道師父於戰亂環境中成長，內心渴望和平，他相信這不僅只是個人的渴望，也是人類共同的願望。所以，靈鷲山自開山以來，即以愛與和平的願力與行動，辦理各項弘化活動，創建「世界宗教博物館」，並在臺灣及世界各地推動「心和平，世界就和平」的寧靜運動，希望以禪的寧靜力量以及慈悲的菩薩願行，廣泛接引眾生，為眾生帶來內心的和平，以內在世界的和平轉化外在世界的貪婪、衝突、無明。

2013年，同時也是靈鷲山第二十年啟建水陸空大法會。每年農曆7月啟建的水陸空大法會，靈鷲山總要動員數千人次志工，使法會佛事順利圓滿。因此，所有參與此場法會的人員，包括功德主、工作人員、志工、拜懺者、主法和尚等等，不僅是在這個場域裡面進行懺悔、超薦的佛事，獲得消災、解厄

的功德利益，也在這場法會中，完成了生命的大和解，體會靈鷲山「以生命服務生命，以生命奉獻生命」精神的具體實踐。

在迎接靈鷲山開山30年，以及啟建水陸法會20年的2013年，靈鷲山更將於生活中落實佛法的實踐。心道師父常說：「佛法不是一種想法，而是做法。」也常教導弟子在現代忙碌的生活中應以「平常心」來安定內心，讓自己不至迷失在茫茫的資訊洪流中，也讓自己不至於追求物欲中喪失自然的本性，隨時寧靜一分鐘，讓自己重新找回心的力量。如果每一個人都能在生活中隨時寧靜自己，找回內心真正的自己，當大家都如此的時候，那麼，心道師父心中和平的世界亦將來臨，不再只是一個「窮和尚的大夢了」。

和諧‧寧靜‧心和平 —

29

壹
月

January

2011/12/18~2012/11/07

僧眾四季禪修閉關 溫養心性智慧

↑僧俗共修，祈求世界和平。

靈鷲山無生道場自1991年2月開啟第一場「僧眾四季精進閉關」後，靈鷲山四季閉關的宗風就此確立。心道師父期勉弟子：「禪是集訓我們成佛的方法，直探我們的本來，無造無作，直下認取、無畏承擔，只有在禪修確實用功，身心才會轉化，對佛法才能有深入細膩的體會。」透過閉關沉澱，讓平日為弘法志業而奔波忙碌的僧眾們，得到全神貫注養息修行的時機；在五堂功課、行禪、跑香、禪坐中澈見真心，找回自己的本來面目，繼續為聖山傳承而努力，讓一切有情無情共同發菩提心、同證佛果、智成正覺。

僧眾四季閉關時程表

日　期	關　期	內　容	對　象
2011/12/18～2012/01/01	冬季閉關	華嚴閉關	內眾法師、在家居士
03/11～03/21	春季閉關（精進）	禪十閉關	內眾法師
04/08～04/15	春季閉關（基礎）	禪七閉關	內眾法師
10/09～10/19	秋季閉關（精進）	禪十閉關	內眾法師
10/28～11/07	秋季閉關（基礎）	禪十閉關	內眾法師

僧眾們在四季閉關中得以全神貫注，養息修行。

壹月 January

東北角跨年迎曙光 大眾齊跨心靈之門

為了迎接下一個民國百年的開始，靈鷲山應東北角暨宜蘭海岸國家風景區管理處邀請，參與2012年元旦凌晨，在福隆海水浴場舉辦的第四屆「2012迎接曙光 贏在第一音樂會」活動。

靈鷲山佛教教團特別設立「心0（靈）之門」，象徵放下過去紛擾混亂的心緒，讓心歸零，從心（重新）出發，迎接嶄新的2012。而白色高雅的外型，也意外成為最「吸睛」的裝置藝術。參與民眾除了可以穿越「心0（靈）之門」外，靈鷲山也邀請遊客響應愛地球九大生活主張，「寧靜、愛心、對話、素食、再生、節能、減碳、節水、綠化」，簽名共襄盛舉的旅客都可獲得富貴書籤磁鐵等禮物，讓富貴吸滿身，享受百分百幸運。

特別值得一提的是，當日正好為民間俗稱的「臘八節」，是佛陀成道日，在佛教又稱為「法寶節」；又正逢靈鷲山華嚴閉關時期（自2011年12月18日入關到2012年1月1日出關，為期14天。），當日上山民眾，也同時感受到佛教道場莊嚴閉關所展現的寧靜氣息，同霑佛陀成道的法喜，祈請佛陀加持而福慧成長。

↑小朋友開心地參與連署「寧靜愛地球」九大生活主張。

走過心〇之門，讓心歸〇。

靈鷲山佛教教團
Ling Jiou Mountain Buddhist Society

心

分

心和平 世界就和平

壹
January
月

英國布萊爾信仰基金會專訪
心道師父分享跨宗教交流經驗

心道師父受邀接受「布萊爾信仰基金會」（Tony Blair Faith Foundation）線上訪談，分享跨宗教交流的經驗。

「布萊爾信仰基金會」由前英國首相布萊爾（Tony Blair）創立，致力於推廣和平的理念，向全球分享各宗教與各國從事和平工作者的故事，藉此推展愛與和平。

在訪談中，心道師父表示，在進行跨宗教交流時，各宗教都會提出自己的看法與作法，並從中找出共同點與差異點，再從共同點上結合，在差異點中磨合，所以在進行溝通對話的時候，信任與默契是很重要的因素。也因此，每次的宗教交流，

↑心道師父都以交朋友的方式，與各宗教代表建立友誼。

都是以交朋友的方式，與各宗教代表建立友誼，互相了解彼此，進而產生信任感，這就是溝通最重要的基礎。

心道師父並強調，從每次的交流對話中，大家對彼此的教義會有一個很好的激盪，而在激盪的過程中，對自己的教義也會有更深一層的辯證，並且能更進一步地認同自己的宗教。所以宗教交流最大的收穫應該就是「更能夠了解自己」。

↑心道師父接受英國布萊爾信仰基金會視訊訪談。

01/22~29

福「龍」開春讚金佛
新春祈福活動 圓滿一切願

↓佛前點燈，祈願地球平安。

每逢新春期間，靈鷲山從除夕開始到大年初七，都會於無生道場及聖山寺金佛園區舉行新春祈福，包括除夕圍爐、財神法會、禮拜千佛、供燈供花、聖物加持……等等活動，為上山迎接新年的信眾帶來一份喜氣與財氣，圓滿一切願。

心道師父開示，「人心的危機也正是一個轉機，靈性和富貴正將為世人開啟新的紀元。」因此，靈鷲山特別在新春期間首度對外開放供有泰國國寶—金佛三兄弟的聖山寺金佛園區，讓信眾前往瞻禮三尊殊勝的金佛，求得吉祥富貴，平安福德。

靈鷲山無生道場作為一座與大自然生態和諧共處的慈悲道場，信眾在新春期間完成接財神、迎富貴、拜千佛、禮金佛等儀式後，可以沿著羅漢步道，用芬多精洗滌心靈；或在開山聖殿禪修享受舒緩氣息，頂禮聖石、聖塔、吉祥臥佛，感受靈鷲山慈悲與禪的宗風法脈；或是到祖師殿求取一張祖師籤，解厄添福慧。

新春期間走一趟靈鷲山，參加多項法味十足又喜氣的活動，祈請諸佛菩薩加持護佑，添滿一整年的願力和信心，猶如服下「身心靈大補帖」，開啟未來一年的善緣與好運，喜氣與財氣，過一個心靈富足、智慧常樂的金龍年。

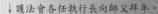
↓心道師父與來山信眾互敬春茶。　　↓護法會各任執行長向師父拜年。

↑「迎財神」，為信眾們引頸期待的加官賜財福運來的重頭戲。　　↑心道師父感謝大小菩薩們護持聖山建設的精神。

39

01/29~01/31、07/06~07/08

寧靜是和平泉源
培育心寧靜種子教師

↓早晨在觀音道場做養生功法，釋放身體的
負離子，和山海天地做有氧深呼吸。

在新春之初，一群對教育充滿理想的老師、家長、社區志工，一同齊聚靈鷲山無生道場，參加第三期心寧靜情緒管理教學教師研習營，期望能送給孩子一份「寧靜」，也期盼能將心寧靜運動推廣到校園，讓學習在寧靜中長養。

靈鷲山應生命教育之所需，研發一套「心寧靜教材」，主要目的在於培育心寧靜種子教師能運用這份工具，引領年輕學子們學習一份寧靜的能力，培養自我覺察與省思的能力，建立正面的人生價值觀與知行合一的學習態度，體會生命的喜悅與快樂，進而達到情緒管理的良好效益，並把寧靜的善能量傳遞給周遭所有人。

心道師父期勉種子教師們說：「寧靜是和平的泉源，是孕育一切生命的根源，是新生的力量。透過寧靜找回當下即是的內在和平，柔軟我們固執、僵硬的心，消融衝突、矛盾、迷惑及貪念，進而將這份安定與和平，擴散到家庭、社會國家，乃至整個世界的安定與和平。」心道師父並鼓勵教師們，感到自己快要發脾氣的時候，用深呼吸轉換念頭、轉換心緒，就可以把原來的情緒放鬆下來。

而在暑假舉辦的第四期心寧靜教師研

習營，更有近百人參與，整場研習在舒爽的夏日，山海天地間，讓與會的研習者無不身心放下，自在暢快。而這份寧靜的能力，就是所有與會教師想要送給孩子們的能力，也是靈鷲山期盼可以為教育界盡心的展現。

此外，這項計畫也首度獲得教育部專款補助，巡迴北、中、南與各地學校合作舉辦「心寧靜－做情緒的主人教師研習營」，以及多場單日的教師研習營，至今有近千位老師參加過研習營，有數十所學校班級推廣心寧靜運動。這不僅是對靈鷲山佛教教團在社會公益教化上的高度肯定，也提升了心寧靜教師研習營對外的形象及禪修推廣的公信力。

心寧靜教師研習營

	日　期	地　點
第三期	01/29-31	無生道場
第四期	07/06-08	無生道場

貳月
February

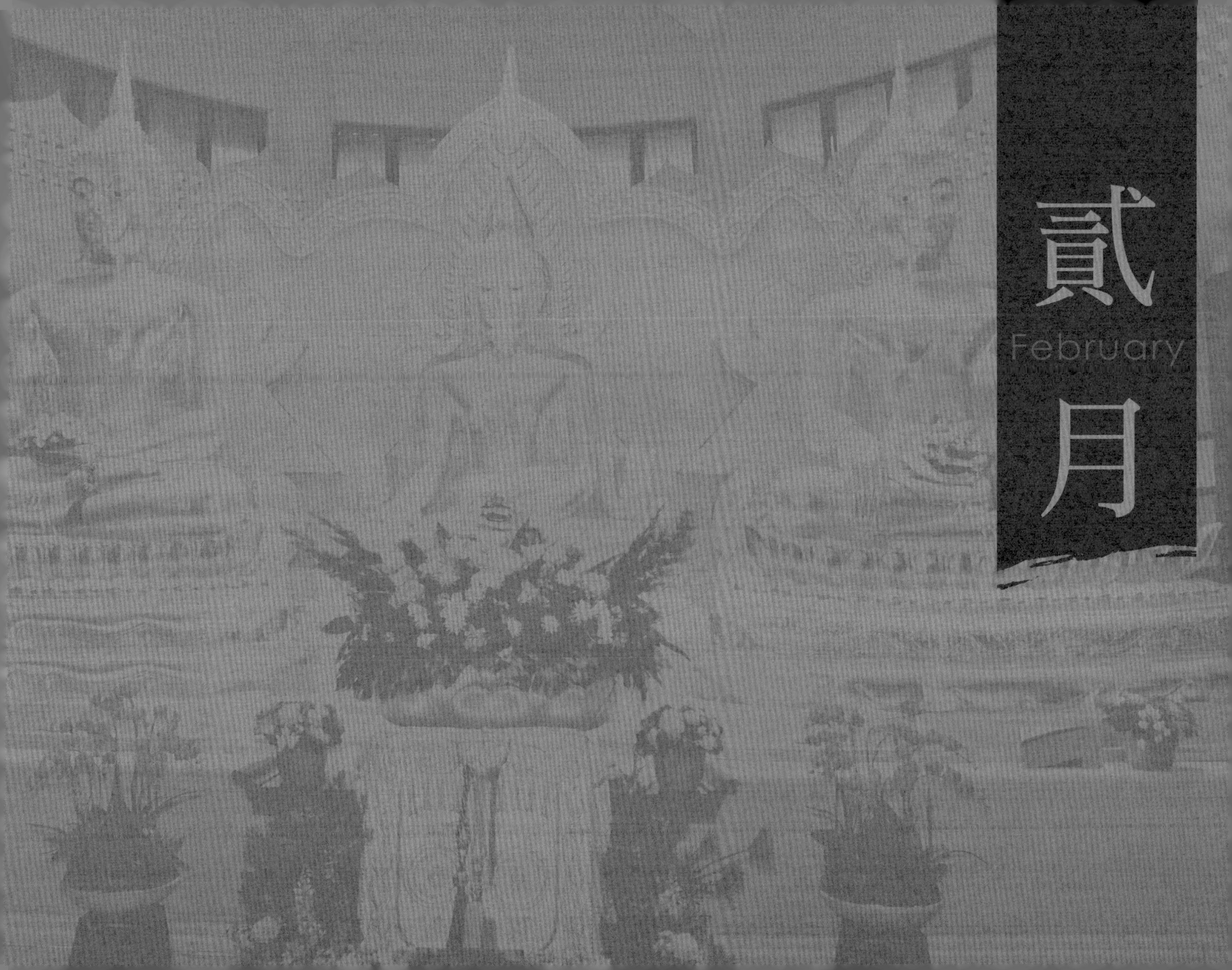

02/01~06

書香般若味 傳承佛智慧
臺北國際書展參展 推廣靈鷲山法寶

↑靈鷲山出版中心以親切、活潑的方式，讓佛法智慧及心道師父的法教更貼近人們的生活，引領大眾浸沐於佛法光明中。

「第二十屆臺北國際書展」於2012年2月1日，在臺北世界貿易中心展覽大樓一樓正式展開，靈鷲山出版社也於現場設攤，推廣佛法智慧及靈鷲山心道師父的宗風法教。

本次書展展出許多靈鷲山教團暢銷新書，《大悲 華嚴 覺有情：靈鷲山2011弘法紀要》載錄靈鷲山佛教教團2011年重要紀事；《朗朗覺性：心道法師閉關日記》為心道師父2009至2011年閉關期間的日記與開示輯錄，包括個人禪修的默照分享，以及對弟子們的禪修教示；《明心不昧：

百丈禪寺祖庭水陸禪》紀錄首次百丈禪寺水陸大齋勝會，並論述禪與水陸在思想、歷史上的關連，以及收錄師父在水陸期間的精彩開示與對禪宗公案的詮釋；《一分禪的要訣與方法》則是師父為忙碌現代人所創的禪修方便法門，讓生命在禪修的寧靜中，獲得更大的力量。

靈鷲山出版社依止心道師父法教，以平面與影音等出版品廣傳佛法智慧為任，弘揚佛法的正念正覺，希望每位讀者都能藉由閱讀而法喜充滿。

↓靈鷲山出版中心依止師父的法教，以生命服務生命，以生命奉獻生命，對傳揚善知識不餘遺力，期許人們藉由閱讀，覺知佛法智慧，讓每位讀者在法喜充滿中，尋得生命的寧靜與力量。

心和平 世界就和平 海外弘法美國行

當臺灣還洋溢在春節的喜慶時，心道師父為了讓千里之遠的美國信眾也得以同沐法喜，特地於新春飛往美國紐約，展開為期9天的海外弘法「心和平之旅」，帶領當地善信進行平安禪的教授，並主持「觀音百供：新春祈福法會」；另外也受邀前往印第安納州，參加聖母大學所舉辦的「實踐聖潔的故事：跨宗教的理解運動」論壇，並發表演說。

為了響應聯合國「世界宗教和諧周」（源自2010年10月20日，第六十五屆聯合國大會通過決議，確定每年2月的第一周為「世界宗教和諧周」），心道師父海外弘法的第一站，2月2日首先於靈鷲山紐約道場教授平安禪，希望透過禪修的寧靜，帶給眾人心的和平，進而促進世界上不同信仰者之間的合作與對話，達到世界和諧平安。當天許多不分國籍、不分信仰的民眾，在心道師父的帶領下進行禪修，體驗寧靜的喜悅與感動。

紐約道場2月3日舉辦的「觀音百供：新春祈福法會」，心道師父也親臨主法，帶領四眾弟子發心齊修觀音法門，祈求

↑心道師父於紐約法拉盛喜來登飯店，為「觀音百供－新春祈福法會」主法。

消弭全球災厄，迅速累積福德資糧，見證觀音化應的慈悲。

心道師父在開示時不斷地提醒大眾禪修、持誦＜大悲咒＞，心變得更清淨，如此外在的環境也會相應我們的清淨心。心道師父更不忘鼓勵紐約的弟子們4月回臺灣參加為期21天的「百萬大悲咒願力閉關」，一起為自己的善緣、為地球的平安祝福祈禱。

在此次弘法行程中，心道師父也特地於2月5日受邀前往聖母大學演講，演講主題為「轉換自我與世界：一個佛教徒的靈性故事」。在演講中，心道師父與與會來賓分享「佛法修行的目的」以及師父個人的生命經歷。

心道師父開示，「佛法修行的目的在於透視生命實相，自覺覺他，自度度人。」因為個人本身特殊的生命歷程，在心中轉化為渴望和平的信念，在經過長期的閉關禪修之後，了悟到真正的和平必然是從自我的內心開始，生命的意義也是從內心的參究開始。世界宗教博物館就是一個實踐和平與生命意義的平臺，這個平臺不僅推動跨宗教文化交流，也參與國際關懷、賑災活動以及推動生命教育與寧靜運動等。

貳月
February

心道師父開示

師父於美國印第安納州聖母大學演講
轉換自我與世界：一個佛教徒的靈性故事
Transforming Self and the World - A Story of Buddhist Spirituality

各位親愛的朋友，大家平安，如意吉祥！

很高興來到這裡參與這一場論壇。剛過完中國年，在這寒冷的冬天裡，使我想起十多年前跟蘇利文博士一起開創世界宗教博物館的美好回憶。

「實踐聖潔」是每個宗教修行者，在覺醒過程中的必經歷練，我很榮幸有這個機緣，可以在天主教信仰的大學中，分享佛教信仰中，聖潔實踐的體驗與發現。

一、佛法修行的目的：在於透視生命實相，自覺覺他，自度度人

佛法主要是用在瞭解生命的實相、解決人生現象的痛苦，讓我們得以遠離煩惱，離苦得樂。而佛教徒的修行，除了要自我覺悟外，也要幫助其他眾生覺悟；要救度自己，也要救度其他一切在苦海中的眾生，成就一個圓融與和諧的世界。

所以出家人不是遠離人群，而是對個人與全體社會的生命關懷，都同樣重視，因為，在修行過程中將會體悟到一體生命，發現生命之間是相互關連的共存關

係，所以自然會流露出悲天憫人的大愛精神。

二、當發現生命一體時，如何轉換生命而能相互提昇？

修行人從自我的覺醒，到對社會群體的關懷，牽涉到一個轉換的問題：就是要幫助別人之前，如何先轉換自我的生命狀態而能無私的奉獻？修行的過程中我們不斷地內省、放下對自我欲求的執著，透視生命無常的事實，發現本來清淨的靈性，以無我的精神，來落實對社會和所有生命的關懷，並且透過這份實踐，來「耕耘慈悲」，達到「永恆」、「無礙」的境界。

要怎樣耕耘慈悲？什麼是永恆、無礙？

「永恆」就是指佛陀所證悟的不生不滅的境界，而這個境界能令身心世界達到「自在無礙」。在作法上就是以「禪修智慧」來「耕耘慈悲」，把從禪修中所證得的智慧，以慈悲無我的心來給與眾生，使他們都能得到這份「無礙」的生命解脫力量。而當這份實踐達到圓滿境界時，就是諸佛覺行圓滿的「永恆」境界。

所以破除這個以自己為中心的「我」，轉化「有我」成為「無我」，生命才能夠真正「無礙」。再來就是把個體生命的心量擴大，努力幫助「他者」來轉化生命，跟他們一起分享生命的「無礙」，這是「耕耘慈悲」的實踐。

三、我個人的生命經歷

在這裡，我就以自己的生命故事，來跟大家做個分享。

（一）出生亂世　渴望和平

我出生在戰亂不斷的中國與緬甸的邊界，從小就目睹世間生離死別的無常，以及戰爭的可怕，許多生命在一夕之間就消失，七、八歲在部隊裡，每天都有人死了、受傷了、不見了，生存似乎成為一種最基本的要求。這些經歷讓我不斷的反思生命的意義，也更加體會到和平的可貴與重要，「和平」成為我當時內心深處最殷切的期盼。

（二）聽聞觀世音　學其救苦

少年時代，我有緣聽到觀世音菩薩的聖號，感受到觀世音菩薩救度一切眾生的慈悲與智慧，我內心一方面非常平和，另一方面也十分的激動，發願要學習觀世音菩薩來救度一切眾生。

（三）閉關禪修　發明心性

後來，經歷了長時間的閉關禪修，體悟

到靈光獨耀的光明覺性，以及內心那份真正的寧靜與和平。了悟到真正的和平必然從我們的心開始，生命的意義也要從這方寸心源的參究開始。

（四）從心做起，轉換貪、瞋、癡為尊重 包容 博愛

在孤獨的修行中，我發現清淨無染的自性世界；也從苦行中，體會到貪瞋癡慢疑只是執著自我的幻象；在般若智慧的觀照下，一切皆是空性的呈現，但也因此超越差別的苦，體會生命一體中平等的愛。

因此我發現，人類苦難的根源，是因為人心的燥動，以及對無窮慾望的追逐，這造成人與人之間充滿了自私、不信任和對立，最後爆發衝突，招致更多的苦難，以及難以挽回的惡性循環。而尊重、包容、以及慈悲大愛的精神，正是對治這些苦難與衝突的良方。

四、以世界宗教博物館為平臺，實踐生命教育與和平對話

於是，我找到一個方式來實踐這個發現，那就是創辦一個平臺：「世界宗教博物館」，來提倡「尊重、包容、博愛」的理念，一方面通過信仰幫助每個人能夠找到自己的心靈故鄉，同時也提供一個平臺使不同族群、文化、信仰之間有機會理解彼此，因為了解自己以及了解他者是化解彼此誤會的第一步，也是最重要的一步！

←心道師父與Fetzer基金會總裁暨CEO Dr. Sullivan(左)相見歡，師父並致贈「心和平・世界就和平」墨寶。

世界宗教博物館作為理解自我和他者的平臺，我們在這方面也做了不少努力：

（一）推動跨宗教文化交流

我們走遍全球，參訪各宗教團體，舉辦並參與了多場跨宗教文化的對話，促進不同宗教間彼此的了解和合作。至今我們在世界各地舉辦了超過十場的「回佛對談」，同時也與許多宗教領袖、優秀人士和團體建立深厚的友誼。

（二）參與國際關懷、賑災活動

當面對苦難的時候，人們能夠放下彼此的成見和對立，真心的關懷和付出，因此，我們積極投入苦難救助，讓人們從苦難中面對自我、升起慈悲。我們也號召其他宗教團體共同投入，在這個過程中相互學習、合作，共同為解決人類的苦難而努力。像是之前的緬甸風災、2011的泰國水患，我們都結合各界的力量投入救災。

（三）推動生命教育與寧靜運動

生命中充滿了各種各樣的問題，自我與他者，以至於一切有情眾生的生命都有著無盡的煩惱和苦難，所有這些都源自「心」的不和平。生命意義的根本就是要從「安心」開始，我們推行全球寧靜運動的目的，就是希望大家能夠把「心」安定、寧靜下來，達到「心寧靜，世界就寧靜」的生命和平境界。

↑心道師父邀請RAA創辦人暨總裁Ralph Appelbaum(右)加入華嚴聖山計畫，讓宗博華嚴的精神繼續延伸。

五、禪修對安定身心的幫助：讓心寧靜下來

要達到心的和平與寧靜，禪修是很有效的方法，透過禪修來照顧我們的心，以真心來觀照，在觀照當中領會內在靈性的無限寧靜，從心的這份體會出發，感通宇宙萬物的存在，這也是中土傳統思想中天人合一的境界。

佛教禪修的法門十分豐富，而大原則不出「止」和「觀」兩種方法。「止」就是指我們的心與寂靜相應，內心不會生起妄念，如同大海中的風浪止息，在寂靜的定境之中，「心」自然能無分別地映現萬物。

「觀」就是以智慧照見萬象都是如幻如化的存在，從這個地方徹見宇宙法界的底蘊，這是真心的無差別觀照智慧。而「止觀雙運」就是定與慧同時起作用，所謂即定即慧、即慧即定，自然能夠自在無礙地呈現我們的本地風光，透顯出靈性的和平與寧靜，這也是「心和平」的境界。

例如在佛陀時代，為數不少的佛弟子，就是聽取了佛陀對無我緣起等法義的開示，然後透過止觀等禪修方法進一步領會這些法義的深層精神，當心能夠真正領會到無常、無我的精神，便能當下獲致「心和平」的解脫境界。

當我們的身心進入寧靜無礙的「心和平」境界，便會自然達到與萬物休戚與共的共鳴狀態，體會到自己與一切眾生，都是密不可分的生命共同體。這時候，便會生起慈悲一切眾生的願行，以此作為和「他者」互動的基礎。在真誠的互動下滋養、耕耘慈悲；在慈悲實踐中讓心更加和平、寧靜。如果人人都能有禪的寧靜以及慈悲的願行，那這份實踐必定能夠共振出世界真正的和平。這也就是我們在全世界推動「寧靜運動」的真諦。

現在我來跟大家分享一分鐘的禪修，讓我們一起為地球平安、世界和平祝福。

非常感謝各位的聆聽！感恩！

（2012年2月6日於芝加哥聖母大學所舉辦「實踐聖潔的故事：跨宗教的理解運動」所發表的演說）

02/06～02/10

↑青年佛門探索營全體法師、學員在開山聖殿前合影留念

那些年 我們一起追的佛陀
青年佛門探索營探索生命價值

靈鷲山第十二屆青年佛門探索營2月6日在無生道場展開五天四夜的課程，主辦單位三乘佛學院以「那些年，我們一起追的佛陀」為主題，透過課程安排，帶領青年學子探索內心的自己，希望生命因佛法而得到啟發。

活動期間正值新年開春，50位充滿創意的年輕人，在法師的帶領下嘗試共修、梵唄、拜懺、朝山、過堂 等佛門生活體驗；並以無限的創造力演繹「佛陀的一生」，從佛陀的出生、成長、修道到涅槃，在演繹過程中體會生命的意義，發揚智慧的善種子。

此外，在法師的指導下，學員們也學習透過觀察，觀看到打坐期間身體痠痛時心情的煩躁；行禪，專注每個當下，觀察自己的起心動念，從每個當下的覺察中漸漸地認識自己、瞭解自己，看到執著、貪愛及放不下的地方，然後改變。

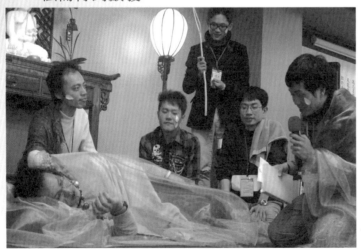

←E世代的哈佛族，在佛門探索營裡，以創意的手法演繹《佛陀的一生》。

激發身體能量 淨化身心靈
西藏頌缽 聲音療癒體驗之旅

在節氣走入萬物復甦的立春，世界宗教博物館於2月4日舉行「西藏頌缽、聲音療癒體驗之旅」，向社會大眾介紹如何善用頌缽音樂，滌瀝心靈沉痾，舒活身心靈。

此次活動邀請到頌缽療法領域的國際級大師Hans de Back，其為首位豐富運用頌缽、大鑼及其他樂器於身心靈治療與音樂演奏的先鋒。「西藏頌缽、聲音療癒」主要是透過頌缽的共鳴共振，直達人體細胞深處，讓身體和大自然的頻率合而為一，使身體獲得調整與淨化，達到自我

療癒的功效，讓躍動不安的思緒歸零，調整淨化，激發身體的能量流動，讓身心體驗一種無比美妙的清明之覺。學員在課後分享表示，「聲音按摩與療癒的神秘能量，彷彿可以帶領我們釋放生生世世的糾結、身體的疲憊與限制，通往心靈深處的家。」

→透過「西藏頌缽」療癒的音聲，
使生命如花朵般綻放繽紛。

貳月 February

護法會全國委員新春聯誼
心道師父勉作觀音菩薩化身

↓心道師父帶領委員們點燈。

為了感謝委員一年來的服務與奉獻，靈鷲山無生道場每年都會由各地護法中心輪流承辦新春圍爐，2012年的「圍善傳爐」聯誼活動由新北市樹林中心護法會承辦。心道師父在聯誼會上勉勵委員們，「要成為觀音菩薩的化身，菩提道心不退轉，生生世世願行菩薩道」，並祝福大家身體健康、事事如意、年年豐收。

在新春委員聯誼會上，也同時揭示了2012年委員活動的四項重點計畫：21日百萬悲願閉關、禪修體驗、護法基金及寧靜家庭精進營的推動，期許委員們能夠自利利他、鞏固菩提心與廣結善緣。

活動尾聲，則邀請心道師父帶領大眾進行「一分鐘平安禪」，收攝心靈，讓心從歡騰雀躍回歸沉穩平靜，為聯誼會畫上圓滿句點。靈鷲山護法會成立迄今已跨越20年，正積極地邁向下一個20年，護法幹部們未來也將繼續落實靈鷲人的心靈守則：正面、積極、樂觀、愛心、謙卑、毅力、承擔、負責；開拓新緣，培養新緣；精進願力、持續貢獻，讓聖山成為人間淨土。

師父與議決會委員們舉杯共飲福圓茶。

迎新春接富貴 讚金佛祈平安
貢寮地方新春茶敘

「迎新春接富貴，讚金佛祈平安」。每年新春期間，位於福隆地區的靈鷲山無生道場總是聚集大批迎財神、接富貴的人潮。為了讓所有福隆鄉親皆能領受金佛的加持，靈鷲山佛教教團特別在2月11日於金佛園區，舉辦「貢寮地方新春茶敘」。

茶敘在磅礡的鼓聲中揭開序幕，心道師父舉杯祝賀大家「年年發財年年好，富貴吉祥闔家平安，身體健康福氣安康」，臺下近百名鄉親也互相舉杯祝賀新年好。師父除了感謝地方長官及鄉親長年以來對靈鷲山的支持與肯定之外，並於開示中說道，金佛園區是為了造福地方、造福人群。而在金佛園區內，除了有來自泰國僧皇致贈的成功佛、平安佛及圓滿佛之外，未來在入口處將供奉一尊四層樓高的緬甸白玉佛，園區建設完成之後，不但會成為福隆地區的新地標，更會吸引全球各地信眾前來朝聖頂禮。

會後心道師父帶領大眾前往金佛殿朝禮金佛，並親自帶領大眾「與佛牽手」，領受三尊金佛的殊勝加持。

↑心道師父帶領大眾前往金佛殿朝禮金佛。

↑2012新春茶敘，心道師父舉杯祝賀大家新年如意。

↑福隆國小校長施杰翰(左一)代表全校師生致贈感謝狀予心道師父，感謝師父協助教職員宿舍改建案。

智慧華嚴特展 展現佛教藝術之美
王金平讚嘆信仰驅動創作能量

世界宗教博物館與北京首都博物館首度合作,展出「智慧華嚴—北京首都博物館佛教文物珍藏展」,立法院院長王金平等人於2月17日走訪世界宗教博物館,一睹珍貴佛教文物的風采。

對佛教藝術文化涉獵頗深的王院長在參觀幾尊罕見的丹薩替精品時,對於藏南山區

在資源取得不易的情況下,還能本著虔誠信仰所驅動的創作能量,雕造出風格壯麗、鑲嵌華美的精緻藝術品,讚嘆不已,並表示真是不虛此行。

參觀結束後,王院長與宗博館館長江韶瑩簡短交流分享,王院長表示,世界宗教博物館本著「愛與和平」的理念,以「尊重包容 博愛」的胸懷,致力推動跨宗教交流與對話,可說是獻給世界和平的最佳禮物。他並指出,雖然歷史上對異族的殺戮不勝枚舉,但心道師父創辦世界宗教博物館的前瞻遠見,更證明人類對和平的渴望舉世皆然,可以說是普世共同的價值。

↑王金平院長(左一)肯定宗博館透過不同的宗教藝術來呈現愛與和平。

智慧華嚴

AVATAMSAKA
WORLD *of*
WISDOM

北京首都博物館
佛教文物珍藏展

BUDDHIST ART
FROM
BEIJING
CAPITAL MUSEUM

↑ 展場展出首都博物館珍藏的佛教文物102件，分為漢傳佛教文物和藏傳佛教文物兩大部
分，涉及佛教造像、繡經、佛畫、唐卡和法器等不同形式，充分展現了中國漢藏佛教文
化藝術的深厚底蘊和獨特魅力。

↑教育工作坊—【靈鷲山志業】課程，由靈鷲山首座了意法師講述「靈鷲山志業發展與未來展望」。

2012/02/27～2013/01/28

踐履宗風精神
三乘佛學院舉辦僧眾教育課程

三乘佛學院本著教育為百年樹人的理念，為提昇靈鷲山弘法教授師資的素質與專業能力，特別邀請臺灣師範大學特殊教育系副教授兼復健諮商研究所所長王華沛教授來山指導、開設培訓課程。課程有三大主題：「課程發展」、「教材教法」、「教學策略」；內容兼顧理論與實務，理論部分包含課程設計的意義與基本原理，以及教學目標與策略模式等主題；實務學習部分，則實際演練如何教學，並藉由教學實作活動，體驗教師的角色與教學特性。本課程的目的在於理解「圓融的處世態度」，以及透過會談、演練與分享，學習「表達溝通技巧」。

另外，三乘佛學院為僧眾舉辦宗風讀書會，以導讀《靈鷲山外山》的方式，讓僧眾重新認識心道師父與靈鷲山佛教教團的歷史，以及佛學大師「太虛大師」奉獻於「人生佛教」的理念故事，以激勵僧眾更積極投入心道師父的弘化志業。「教育

←宋慧慈老師(左圖)和王華沛老師(右圖)將個人專業領域的知識與多年的實務經驗，教授靈鷲山僧眾及職工。

工作坊」則是讓僧眾從分工合作的踐履中，看見整體共願與宗風精神。在組織弘化方面，開設了「水陸法會教育工作坊」期以用最短的時間讓整體僧眾全方位瞭解水陸工作，透過經驗分享來體會水陸工作傳承的珍貴。而在整體組織運作上，則開設「總管理中心工作坊」，邀請靈鷲山佛教基金會總管理中心各單位代表，分享其工作經驗以及業務範疇等，以最短的時間讓整體僧眾全方位瞭解總管理中心的業務範疇。

靈鷲山師資培訓課程

日　期	主　題	對　象	授課老師
05/08	課程發展	靈鷲山僧眾、教育院與人資部門職工	王華沛教授
05/08	會談溝通法與如何做一場感人開示	三乘佛學院初修部第八屆應屆畢業生	宋慧慈老師 王華沛教授
06/12	教材教法	靈鷲山僧眾、教育院與人資部門職工	王華沛教授
06/24	教學策略	靈鷲山僧眾、教育院與人資部門職工	王華沛教授

靈鷲山僧眾教育課程——宗風讀書會暨教育工作坊

日　期	內　容	對　象
02/27~07/23	宗風讀書會—【太虛大師】	靈鷲山全體僧眾
2012/11/19~2013/01/28	宗風讀書會—【靈鷲山外山】	靈鷲山全體僧眾
07/30	教育工作坊—【水陸法會】	靈鷲山全體僧眾
08/09	教育工作坊—【總管理中心】	佛學院初修部全體學生
09/03	教育工作坊—【靈鷲山志業】	佛學院初修部全體學生

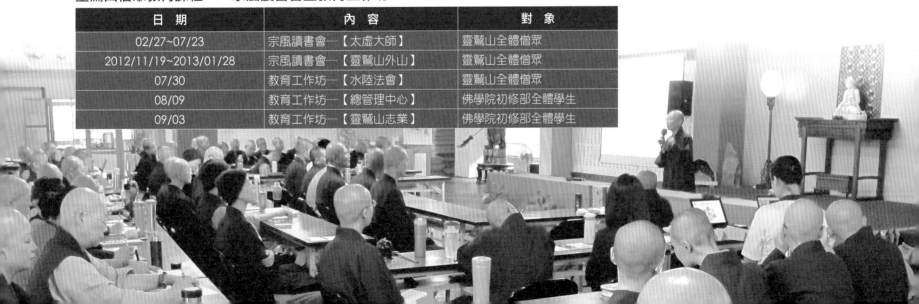

02/28~09/02

說龍解密　靈獸傳奇

歡慶2012年歲次壬辰龍年，世界宗教博物館首次舉辦以「龍」為主題的特展，展期長達6個月，邀請大眾來館探索「龍的身世」，解開「龍的傳人」的神

↑透過互動式活動的樂趣，探索東、西方龍的外型差異。

奇密碼。觀眾從踏進展廳入口處，便能體驗各式各樣有關龍的解構及重組的操作活動，從中了解龍的起源，勾畫龍的形成、演變的脈絡，以及龍在各民族文化中所象徵的地位與精神內涵。

展覽內容含括四個子題，分別為「龍的誕生」、「龍的傳奇」、「龍的意涵」以及「龍的應用」。展場中並有許多關於龍的經典異國故事，讓觀眾輕鬆地對不同文化中的龍有所認識。例如英國西南部的威爾斯的大紅龍，就是一條象徵民族精神的愛國龍，至今仍被家家戶戶當成國旗來懸掛。

世界宗教博物館「説龍解密－靈獸傳奇」特展系列活動表

日　期	活　動　名　稱
03/04	校園代表茶會
03/25	《神奇幻話》靈獸探源系列活動　[工作坊]龍的傳說：光影 小小戲 / 高友怡
04/15	《神奇幻話》靈獸探源系列活動　[講座]按圖索驥：基督宗教聖藝中的靈獸密碼 / 錢玲珠
04/21	《神奇幻話》靈獸探源系列活動　[講座]飛龍在天：臺灣的龍神信仰及其藝術 / 謝宗榮
05/13	《神奇幻話》靈獸探源系列活動　[工作坊]動物綺想：手作圖章好好玩 / Roger
05/27	《神奇幻話》靈獸探源系列活動　[講座]歐洲龍、中國龍：龍想像與幻奇敘事的「全球化」趨勢 / 陳鏡羽
06/09、16、23	端午節館內DIY活動[迎夏至，尬端午]
06/16	《與龍共午》藝文研習

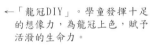
←「龍冠DIY」。學童發揮十足的想像力，為龍冠上色，賦予活潑的生命力。

和諧・寧靜・心和平－

參
月

March

↓心道師父偕同各界代表聯合簽署主禱文。

參月
March

守護世界 地球平安
宗博館跨宗教對話春祈會

基於增進跨宗教對話平臺的使命，世界宗教博物館2012年首度串聯臺灣宗教界，邀集中國宗教徒協會、中華民國宗教建設研究會，以及中華民國宗教與和平協進會聯合主辦「2012守護世界 地球平安」春祈會，並邀請立法院院長王金平以及來自各宗教、駐臺使節、政府機構等海內外貴賓齊聚宗博館點燈祈福。

春祈會由心道師父帶領大眾一起宣讀主禱文，並為地球點燃和平燈，以凝聚各宗教的愛心與慈悲，祈願世界和平；各宗教代表並分別以各自宗教經典中最美的章

節默禱，說出對地球、對未來的祝福，凝聚與會全體感恩萬物、珍惜所有的虔敬之心。

宗博館舉辦跨宗教祈福交流茶會已有4年，2012年特別結合不同跨宗教組織主辦。心道師父表示，因為不同宗教間的友誼與合作是宗博館的核心精神，新春祈福便應由各宗教輪流主辦才有意義，並期許宗博館可以發揮更多能量，將各宗教間的友誼連結，轉化成世界祈福的大愛願力，讓不同宗教間展現的尊重、包容、博愛精

守護世界・地球平安

2012年 春祈會
2012 Spring Prayer Ceremony

神，引導每一個有情眾生，成為人類愛心的凝聚點。

這場洋溢「愛與和平」的祈福儀式，象徵各大宗教攜手致力消弭社會紛亂，回歸無染純淨、尊重彼此的本心，呼籲世人珍愛自然與生命，共同守護日益惡化的地球環境。

↑各界代表點祈福燈，祈願世界和平。

和諧・寧靜・心和平一

普仁小太陽 展現生命的大愛
第二屆靈鷲山全國普仁獎頒獎典禮

第二屆靈鷲山全國普仁獎頒獎典禮3月17日假交通部國際會議中心五樓集會堂舉行,靈鷲山普仁獎創辦人心道師父在致詞時表示,只有當真善美的人品得到環境的支持時,才會產生和諧的人心、安定的社會與和平的世界。很高興能發掘到這些精采的生命故事,每一位普仁獎的典範都是生命教育的見證,期盼有更多人加入支持普仁獎的行列,用品德來教育臺灣的下一代。

「普仁獎」於2003年創立,持續秉持「品德表現要從生活做起!」的核心精神,迄今已邁入第九年,9年來共接獲5,263件申請函,累計有1,421位品德優良的國中、小學子獲獎。2011年全臺各地有415位莘莘學子通過複選,獲得頒發普仁獎獎牌及5,000元獎學金,並從中再推舉出22位為全國表揚楷模。

→存滿零錢的洋芋片罐,是全國普仁獎黃同學對三寶最誠摯的供養。

靈鷲山 普仁獎 頒獎典禮

心道師父與副總統吳敦義(中間左一)與普仁獎得獎學童合影。

03/23～04/02

苦行 淨行 梵行 願行 朝聖殊勝行
靈鷲山印度朝聖 追尋佛陀足跡

為了讓佛子們相應往昔世尊成道的環境，並追尋世尊不斷探索生命實相的經驗與體證，心道師父帶領近200名信眾，前往印度八大聖地朝禮佛陀足跡，展開為期11天的「印度尋道 覺者足跡之旅」。

為了體驗佛陀成道的過程與忍苦的毅力，靈鷲山朝聖團在師父的帶領下，首站即前往「苦行林」，在烈日當頭下，每位團員雖然汗流浹背，氣喘噓噓，卻也法喜充滿，因為團員們無一不謹記師父的開示「從苦行到證悟，這一段路途是必經的，沒有歷程就不會有結果，學佛不要怕吃苦，苦是一種加持，可以讓靈魂聖潔，由聖潔裡面才能解脫、超越」。

在11天的朝聖行履中，靈鷲山朝聖團一路從菩提迦耶、王舍城、瓦拉納西、鹿

↑達美克塔前，心道師父向大眾開示四諦十二因緣法。

↑心道師父帶領佛弟子們於正覺大塔前共修華嚴懺。

↑佛陀涅槃後，世人將以何為依歸？佛陀說：「以戒為師，以『四念住』為依止處」。

↑心道師父於南登格爾為觀音百供法會主法。

←靈鷲山首座了意法師於祇樹給孤獨園說法。

野苑、南登格爾、拘尸那羅、藍毗尼、舍衛城等追尋佛陀出生、成道、轉法輪與涅槃的遺跡，並在靈鷲山教團的精心安排下，於菩提迦耶正覺大塔菩提樹下共修華嚴懺、靈鷲山上聆聽師父說法華、於鹿野苑繞塔、禪修，又於南登格爾種下菩提樹、修百供等，浸沐於佛陀的教化與法喜之中。

心道師父表示，佛的法教就是讓每一個人都能夠把「生命貢獻給生命」、「生命服務給生命」，希望大家能夠得到佛的智慧、佛的財富，讓整個世界更美好。

師父於菩提迦耶正覺大塔開示
聽寂靜收攝妄想執著－趨入正覺

想要證悟，一定要從禪修裡面，看到自己的本來面目。今天早上在苦行林，看到大家都走得很辛苦，但是傍晚來到正覺大塔，表示我們已經苦過了，來到這裡就要開始證悟了。

釋迦牟尼佛的母親很早就離開世間，對釋迦佛來說，這是祂學佛很重要的一個原因。後來佛結了婚，有一個兒子，也非常珍愛祂的妻兒。祂的父親淨飯王只有這個兒子，想把王位傳給祂，所以希望祂的兒子不要出家，以後繼承他的王位。可是父親對祂愈好，祂愈覺得痛苦，佛陀心

想：「每個人都會歷經生、老、病、死，到底該如何解決這個痛苦？」，祂很想把最珍愛的人留住，所以想要解決生、老、病、死的問題。

後來釋迦佛從皇宮東、西、南、北四個門外看到了四種現象，就是老、病、死的人生苦難，更加強了祂對死亡的深刻思考，最後看到修行沙門，因此生起了出離心，就在某一個晚上奔離皇宮，在南登格爾削去了頭髮。

佛陀為了解決生、老、病、死的問題，所以祂選擇出家，以便能專心去探討

問題尋找答案。印度有很多關於如何解決生、老、病、死問題的各種不同的哲學理論，佛陀皆有接觸、涉獵。並通過靜思、坐禪來消化這些道理，希望能夠悟出解決生、老、病、死的方法。

一般人都看到了生、老、病、死，但是卻沒有很在意，認為反正誰也逃不了，所以就不精進了。因為不精進的關係，生生世世都不斷輪迴在生、老、病、死的痛苦之中。幸好我們學佛，佛陀的經驗告訴我們，怎麼出離生死、怎麼斷除煩惱。現在有好的機緣在菩提迦耶聽法，應該嚮往求取無上的正等正覺，來解脫煩惱和生死。

佛陀在苦行的時候，等於是把靈性的染著——貪瞋癡慢疑洗滌乾淨。釋迦佛六年的進修，讓靈性上的污染沉澱，讓靈性開始純淨，變得純善、純真。因為在禪修時，會熄滅妄念和執著。

在六年當中，祂每日只吃一麻一麥，藉著苦行去淨化自己的靈性。

我也是從苦行走出來的，從墳場、山洞斷食，這樣的苦行出來的。眾生貪瞋癡的習氣非常重。當我在墳場的時候，四周是一片的寂靜，在墳場一切都回歸平等，不論富貴美醜，不論地位高低，到墳場全都一樣了。所以在墳場的苦修，讓我的心變得很寂靜。

現在，我們在正覺大塔前禪修，聽寂靜之聲，雖然旁邊也有不同國家的法師在唱誦，但各位有沒有影響到我們聽寂靜呢？我們一面聽寂靜，一面也聽其他不同的聲音，但是寂靜還是歸於寂靜，唱誦還是歸於唱誦。聽寂靜就是收攝一切的妄念、執著，這樣才能夠去證悟如來的正覺，用聽寂靜來趨入正覺。

苦行就是一個淨化，學習佛法必然會有一些考驗、煩惱，這就是讓大家成長，也是讓大家能夠體悟世間的苦、空、無常。一切世間都是苦的，「諸受是苦，諸行無常，諸法無我」，從經文裡可以明白其實沒有一個是我。但是我們卻每每都執著有一個我，認為自己總是最重要的，就會一直陷溺在我執當中，無法解脫煩惱。其實每一世我們的身體都是換來換去的，今生有幸成為人，如果修行不好，積福不夠，下一生可能變成一隻小麻雀、小螞蟻，或小動物。但如果福德做多一點，像五戒十善都能做到，下一世或許還能夠投生為人。

　　大家都是佛的弟子、三寶的弟子，應該都去受五戒十善才能真正自利，把自己管好以後才能夠利他。所以從自利到利他，是我們必須要去體驗跟受持的，不管做到、做不到，我們總是去受持，要相信總有一天做得到，做了以後才知道戒的意義，才願意去守。大部分的人總不願意去嘗試五戒十善與菩薩戒，甚至出家

的生活，其實我們可以從短期開始，剛開始一個禮拜、兩個禮拜，漸漸地延長到3個月，或者三年五載，或者10年、20年出家的生活，漸次漸次來淨化自己。

　　苦行如何淨化自己？苦行就是去除貪欲享樂，因為如果貪享樂、富貴，修起佛法就很難體會，多數人學佛往往就是一知半解，體會不了真實的佛法。要真正能夠體會佛法，就能過簡單、樸實的生活，讓我們的心沒有染著，然後從這裡去禪修，純淨的心才會很快地跟禪相應。苦行就是在生活中無怨無悔，在無怨、無悔、無求當中去學習佛法正確的知見。

　　釋迦佛苦行結束後，就到菩提迦耶證悟了；師父在宜蘭的墳場，最初是在靈骨塔二樓修，修兩、三年以後，有人一直把雜物搬到靈骨塔放，干擾到我的修行，後來我就搬到龍潭湖那邊去了，在那裡我真正發現了妙覺心；就像釋迦佛也是因為護法的安排，才會到菩提迦

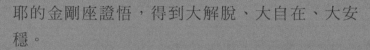

耶的金剛座證悟，得到大解脫、大自在、大安穩。

　　佛陀當初在牧羊女供養了乳糜以後，身體恢復能量，就把之前所學的教導的道理弄明白了，也在這個時候，看到天上閃耀的星星，祂就突然迴光返照看到自己了。像西天禪宗祖師大迦葉尊者，一生都在墳場修行。有一天釋迦佛在靈鷲山對弟子們說法時，拈起一朵花比來比去的時候，大迦葉突然燦爛地笑了。你知道大迦葉在笑什麼嗎？這個要開悟才知道的。所以大家有機會要參加靈鷲山的禪修，有一天你

↑降魔正覺佛像供奉於正覺大塔。一位寺
　廟管理員正在將信眾供佛的袈裟，披在
　佛陀金身上。
→在摩訶菩提佛寺周圍的佛塔上皆可見到
　精美的佛像雕刻。

就會知道了。

大迦葉一輩子都在苦修，被稱為頭陀第一，據傳到現在還住在印度的雞足山，要把佛的袈裟、衣缽保管好，直到56億萬年後彌勒佛下生的時候，再把袈裟衣缽交給彌勒佛。

釋迦佛夜睹明星，就像祂拿給大迦葉尊者看的那朵花一樣。祂看到星星亮亮的，突然引發祂的心也亮起來了，所以祂就開悟了。天空中，哪一顆星是你們的開悟星呢？佛陀證悟以後，說「眾生皆有如來的智慧德相，只因為執著妄相而不能證得。」也就是說，你認為所有一切是真實的事物，其實都是妄相。你們沒有去思考它無常、苦、空的時候，就執著那是實有的。事實上每一個事物的存在，都是短暫的，時間再長也是短暫的，它不是永恆。只有一個東西是永恆的，並且大家都有。

你們只要悟出這個，就會證得如來的智慧德相。所以大家要用功精進，如果不精進的話，實

在很難理解佛的法要。佛陀證悟後就想涅槃，祂想：「我悟了這麼深的道理，眾生一定聽不懂」。如果佛那個時候涅槃了，大家還能在這裡朝聖嗎？當時是因為帝釋天等天人的請求，佛因而住世，於是又再次入定，把祂所證悟的全貌，講給天上的人聽，那就是《華嚴經》。

佛陀證悟以後入定21天，在天上和人間七個地方講《華嚴經》，《華嚴經》就是禪修的果實。然後就到鹿野苑開始講四聖諦、十二因緣。「四聖諦」就是「苦、集、滅、道」，苦從哪裡來？苦就是我們生生世世努力來的。我們都努力把苦積起來，集起來成為苦果，我們修行要滅苦的因，才能夠消除苦果。所以四聖諦就是講苦集，苦既然集起來了，那要怎麼滅這個苦？就是要瞭解十二因緣跟八正道。

八正道：首先就是要有正見，正見就是不生不滅的見地、涅槃的正見與成佛的正見。有了正見以後，就會正思惟，所想的事情就依循所了悟

的真理去想。有了正思惟就能產生正語，講的話都能依循正見去講，有了正見、正思惟、正語就會產生正業——就是我們所有的生活行為，都是在正見當中去行持。用正見去生活，叫做正命。用正見努力地去做善業就是正精進，接下來就是正念，念頭就會安定而達到正定。我們依照八正道去生活，就是一種修行，就是禪定，所以生活中的修行就是八正道。

我們怎麼會有生死問題？生死來自於「無明緣行，行緣識，識緣名色，名色緣六入，六入緣觸，觸緣受，受緣愛，愛緣取，取緣有，有緣生，生緣老病死」。所以我們生死的源頭，就是從無明而來，糊里糊塗地來叫做無明行，如果我們要追求正等正覺，就要從正見作起。有了無明生死就被轉動，從種種分別、執著轉動我們的六根。眾生對色相、名相的分別執著它從六根——眼、耳、鼻、舌、身、意進來，進來以後，有了接觸就有了「受」，受以後就開始「選擇」，選擇喜歡或厭惡都叫做「有」，「有」以後就會

「生」、「老」、「死」，生死是這樣來的。

《華嚴經》就是講「菩提心」。佛陀是怎麼成佛的？怎麼變成全知的？阿羅漢稱不稱為全知呢？不行！因為沒有行菩薩道就沒有辦法全知，只知道解脫之道、斷煩惱之道，這算只有半知。想要能夠遍智、全知，就要生生世世發願利

他行。沒有利他，就很難學習到全面的智慧，就像善財童子五十三參。大家如果對《華嚴經》印象生疏的話，那就到靈鷲山，每年12月有華嚴閉關，因為《華嚴經》很長、內容很多，大家念起來容易打瞌睡、打妄想，所以跟法師一起念，每年一次的華嚴閉關，大家念兩、三次《華嚴經》就會懂了。然後你就會知道，經中的菩薩都是「用生命奉獻生命、用生命服務生命」，這句話的精神就是從《華嚴經》來的，就是我們要發菩提心，才能夠成佛，必須學佛「發願成佛」，而「發願成佛」就是要發菩提心。

《華嚴經》是從信開始。佛在《華嚴經》，都是放光讓大家起信的，從十信開始建立眾生能成佛的信心，這樣眾生才會安住於佛法，所以進入十住、再來十種行為，十種迴向，這叫做三賢位（註：指十住位、十行位、十迴向位）。十信、十住、十行、十迴向堅固以後，還不能做到不退轉，只是鞏固你學佛的信念、安住你散漫的心，讓你能夠行持利他。

發菩提心，要一直修行到八地就真正不退轉、不動搖了。大家聽寂靜的時候，有哪一個東西不動搖嗎？這裡（菩提迦耶）叫做金剛座，就是不動不變的地方，這個地方的磁場永遠都是存在的。大家認為釋迦佛到哪裡去了？釋迦佛在哪裡？釋迦佛講「法身」，「法身」的意義是什麼？我們要離開生死、離開輪迴，就是要證悟這個「法身」，如果你沒有證悟法身是沒有辦法離開輪迴的。法身就是「虛空身」。虛空不生不滅，佛的心證入了虛空，所以當祂證悟的那一刻開始，祂的生命就跟虛空一樣－不生不滅。

大家為什麼要證悟？為什麼要學習佛？為什麼我們可以達到不生不滅的境界？什麼東西可以不生不滅？為什麼要觀修般若波羅蜜多？如果不修就不會知道空的道理，不知道空的道理就無法理解不生不滅。每一個人都有覺性，覺性就是虛空身。現在這個身體叫做業障身，前生造業今生受果，前生因今生果。我們生命裡面儲存了很多記憶，這些記憶說明了誰跟誰是什麼關係，有的

是夫妻關係，有的是父母關係，有的是恩仇關係，有的是生意關係，所以你在這一生當中，所接觸的這些，都是你的記憶體當中的記憶顯現。

玫瑰花的種子因為有記憶體，才會成長變成玫瑰花，如果沒有記憶體，玫瑰花的種子會變玫瑰花嗎？菩提樹也是個記憶體，它的子掉下來，風一吹，飄到哪裡，它就長到哪裡，為什麼它會長出菩提樹呢？這個叫做記憶體。如果你沒有記憶體，就不會認識你的父母，也不認識你的小孩，也不知道怎麼去戀愛，也不知道什麼叫出家、怎麼修行。所以今生要把存入的記憶做好，把覺悟的種子做好，把善業的種子做好，生生世世都要做發願成佛的事情。

因為要成佛，所以我們現在要慢慢學習「十信、十住、十行、十迴向、十地、等覺、妙覺」。學了完整的菩薩位階之後，就能堅固佛法的信心，能夠不退轉地學習佛法，到達佛國淨土、西方極樂世界。

說到十地以及等覺、妙覺時，道心已經堅固，《華嚴經》有五十二個位階，「位階」是我們修行的一個藍圖、歷程。佛怎麼成佛的？是歷經三大阿僧祇劫的修行來的。所以我們的生命值不值錢？行菩薩道的時候最值錢，輪迴的時候就不值錢。所以如果能夠行菩薩道，生生世世，每時每刻，都是很值錢，你每時每刻，都能盡形壽、獻生命，用無盡的生命來奉獻眾生，讓眾生離苦得樂，這樣的人生才有意義。佛陀不是今生修證才得了佛果，今生只是一個示現，在多生多劫前，祂就已經成就了佛果，今生只是示現給我們看，讓我們明白成佛是怎麼來的。

我們也可以說：「禪修是因，成佛是果」。禪修不是治療、不是健康，禪修是為了了脫生死、斷煩惱，能夠生起大智慧、大安穩。如果不禪修，我們的覺察力就少，分析能

力很粗；禪修以後，分析任何東西，都非常細膩。所以，要進一步分析佛法，才會把佛法的最真、最實、最微妙的地方分析得清楚。佛法是什麼？學佛是從「拆除大隊」開始做起的。把一切執著障礙都拆了，你才瞭解佛法；拆不了世間的假象，你就不懂得佛法。拆除大隊什麼都拆，拆了就變成空，不拆就不知道什麼叫做空？我最早學佛的時候是十六歲，那時候學佛的人他們講空，我問說：「空是什麼意思？」他們告訴我說：「人是地水火風所組合的。」我就想說：房子是木頭、鋼筋水泥組合的，如果不組合的話，一樣都不是。我們把這個房子一拆，就不是房子了，所以是因緣和合，因緣和合都是叫做空。我們學佛，就是要能夠禪修，禪修當中漸漸遠離執著，在這裡非常鼓勵大家要多禪修。

常念〈大悲咒〉就是打基礎，積聚福德資糧的基礎，才有福報禪修。禪修才能夠坐得下去，沒有念〈大悲咒〉，福報不夠，坐禪就動來動去、坐立難安。所以福報夠了，坐下去就是像須彌山一樣如如不動。

有了禪修的福報，還要證悟空性的智慧才算覺悟，例如中國禪宗有個香嚴禪師，當他在挖地的時候，挖到一塊瓦礫，瓦礫彈跳起來，碰到竹子清脆的一聲，打開了他的智慧，他就開悟了。我們對佛法只能算是瞭解空，等到你能夠悟到這顆心，才算是妙覺。所以看到空，只能算是快覺悟了，但還不是真的覺悟。

修道、成佛一定要先發菩提心，菩提心像什麼呢？像月亮，像太陽，像如意寶。生生世世你只要具足菩提心，什麼業障都會消。大家生生世世做了多少的好好壞壞？你算得清楚嗎？我們造了太多恐怖的事情，所以要發菩提心，迅速轉化累劫業力。菩提心像珍珠、像珍

寶，有了這個菩提心，一切不愁穿、不愁吃、不愁人緣不好、不愁沒有高官可以做、不愁不成佛道。《金剛經》裡面最後的囑咐，是「觀一切有為法，如夢幻泡影，如露亦如電」，師父的囑咐，就是發菩提心。

在阿拉伯的麥加，每年有成千上萬的人去朝聖；只要學佛的人，就應該來印度朝聖，銜接釋迦佛正等正覺的能量，我們雖然在苦行林受了一點苦，這是值得的。我們在這裡禪修、講涅槃、講菩提心，未來佛的出現就是從這裡銜接的，菩提迦耶這一帶已經變成一個磁場，因為只要有人在這裡成過佛，就是正覺的核心，這個核心的主軸就是宇宙的主軸，所以這個地方的正覺能量是不可能改變了。

虛空會不會變？佛陀證到了虛空身，祂是變不了。我們要常常來朝聖，常常來禮讚，更要接引菩薩大德們來朝聖，讓我們來這裡銜接成佛的記憶體與種子。這個種子是多好呢？祂是好地不得了，是世間一切珍寶事物沒有辦法比的。「世間所有我盡見，一切無有如佛者」。願人人都可以證到果位，祝福大家。

03/31

喜歡生命 聆聽寂靜
第十屆宗教文學獎頒獎典禮

第十屆宗教文學獎頒獎典禮3月31日下午2點30分於市長官邸藝文沙龍舉行。

本屆以「喜歡生命 聆聽寂靜」為主題,邀請創作者用文字傳遞不同宗教對生命的相同關懷。在華人文壇中極具清新形象的「宗教文學獎」已經邁向第十年,邀請創作者用文字傳遞不同宗教對生命的相同關懷。本屆宗教文學獎共分新詩、短篇小說兩組,逾400件投稿,各選出前5名作品頒獎,其中更有香港及馬來西亞等地的創作者獲獎。

評審團召集人漢寶德表示,「宗教文學獎,自2002年至2012年以來,秉持『尊重、包容、博愛』的宗旨,涵納世界各大宗教的文化理念,藉由宗教不同面向的詮釋,向大眾表達人類的普世關懷及生命價值。」

←響應「地球園丁站出來」活動,呼籲大眾加入「心靈力救地球」的行列。

有感於2012年的末世傳說紛擾，而地球環境以及食品衛生安全也受到大眾廣泛的重視，在頒獎典禮後，於官邸外的草坪上舉行了一場草坪音樂會，與會貴賓及作家等各界人士共同簽署響應「地球園丁站出來」活動，並手持地球平安象徵物，向各界發出「心和平　世界就和平」的訊息，呼籲社會大眾以各種不同的方式響應，發揮心靈力、覺醒力，使社會更祥和，也讓地球更平安。

↑評審、頒獎人與得獎者歡喜合照。

肆
April
月

肆
April
月

21日百萬大悲咒願力閉關
凝聚慈悲善念 迴向地球平安

初聞觀世音菩薩聖號，便深受觀世音菩薩的慈悲感召的心道師父，長年以持誦〈大悲咒〉迴向眾生。時值地球生態日益惡化，末世預言傳說造成人心不安，為了安世救劫，心道師父發起「21日百萬大悲咒願力閉關」活動，號召四眾弟子共持一百萬遍〈大悲咒〉，凝聚眾多慈悲善念的力量，祈求地球平安。

心道師父說：「我們發願持〈大悲咒〉就叫做發菩提心，雖然大家的生活非常緊湊、有壓力，但總是要不離佛法，不然我們的生命就像無頭蒼蠅，到處亂飛，找不到出路。現在大家學佛了，就要知道學佛是要幫助自己找到生命的意義，而『發心』、『發願』就是讓我們的生命有目

↑衝破百萬——閉關全員共同記憶這殊勝的時刻。

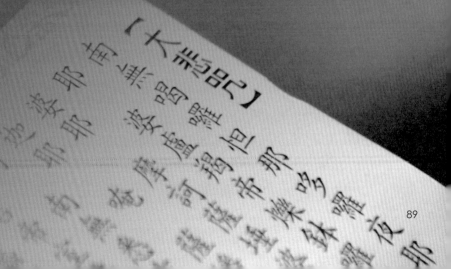

←閉關者於華藏海虔心繞佛持誦〈大悲咒〉。
↓靈鷲山常存法師貼上100萬,象徵〈大悲咒〉百萬遍圓滿。

標、有意義,也幫助別人找到生命的意義。」

　　4月1日啟建的「21日百萬大悲咒願力閉關」,在16日下午第七支香時,圓滿一百萬遍的〈大悲咒〉,同時於靈鷲山天眼門敲響108聲和平鐘。此次閉關除了靈鷲山僧眾外,還有數百位來自各地的信眾共同參與,匯集十方善信的慈悲願力,提早達成持誦百萬大悲咒迴向地球平安的目標。

肆
April
月

師父於百萬大悲咒願力閉關開示
持大悲咒 護佑地球平安

　　我們為什麼要閉21天的〈大悲咒〉關呢？因為地球一直有災難，尤其今年有很多的末世預言，所以希望藉由〈大悲

↑心道師父開示，「我們只要一心持誦〈大悲咒〉，終身不間斷地持，在行住坐臥當中不斷地持咒，今生一定會證到四沙門果——阿羅漢果。」

咒〉的幫助，讓地球上所有的眾生，虛空大地一切四生九有的眾生，這些我們生生世世的好伙伴，都能平安、消災弭難。因為〈大悲咒〉是消災弭難最好的咒，也是觀音菩薩的秘密心咒。

　　所以不管末世預言是真、是假，我們都應好好地念〈大悲咒〉，長養我們的大悲心，迴向地球平安，災劫、災難消弭。因為〈大悲咒〉本身的廣大願力，以及觀音菩薩的大悲心，加上我們自己持誦〈大悲咒〉的念力，然後也號召大家都來念〈大悲咒〉，相信能轉換地球的災難，讓

地球平安。〈大悲咒〉閉關主要目的就是讓地球平安。

無常是很恐怖的，什麼時候來我們並不知道。只有觀音菩薩，祂的〈大悲咒〉真的很好，什麼時候都可以用得上，〈大悲咒〉不但是自利又可以利他，自己得到好處又可以讓別人得到好處，而且它可以治療八萬四千種病苦，可以治療一切的苦，所以它是一個很好的咒。

觀音菩薩剛剛學佛的時候，初發道心，千光王靜住如來就傳觀音菩薩〈大悲咒〉，本來祂只是初地菩薩，初地就是初有道心，祂開始持〈大悲咒〉，立即就證到了十地中的第八地——不動地，所謂「不動地」指對佛道已具堅固、不退轉。觀音菩薩一持〈大悲咒〉，就至堅固不退轉的位階，所以〈大悲咒〉是能讓我們在修行道路上快速成就的咒，我們只要一心持誦〈大悲咒〉，終身不間斷地持，在行住坐臥當中不斷地持咒，今生一定會證到四沙門果——阿羅漢果。

根據《大悲心陀羅尼經》記載，觀音菩薩有四十二隻手，其中有一隻手拿著繩子，細細長長的繩子，表示平息一切災難，一切平安。觀音菩薩的四十二隻手各有不同的手印，作用也不盡相同，所以持〈大悲咒〉的時候，我們想要除什麼樣的災殃，就要用相應的手印。這次的閉關，就是要觀想持索觀音，觀想觀音拿著繩子的那隻手。

〈大悲咒〉就是慈悲跟菩提心的意思，菩提心叫做成佛心，也是自覺覺他的心，這個心就是〈大悲咒〉的心，顧名思義〈大悲咒〉就是要發讓眾生離苦得樂的心。觀音菩薩為什麼能夠這樣一直救度眾生，就是因為具大悲願力。觀音菩薩為了讓眾生成佛，生生世世都在做救苦救難的工作。祂的事業就是救苦救難，從成佛到現在還繼續在做救苦救難的工作，不

間斷地做。觀音菩薩的力量是來自發願、發心，所以大家也要發願、發心，因為唯有發心、發願，持〈大悲咒〉才會有感應，才會靈感。

觀音菩薩為什麼是千手千眼？因為我們就是觀音菩薩的千手千眼，每一個人只要發願持〈大悲咒〉，大悲的力量就會出來，我們就是觀音菩薩的分身、化身。生活中我們要做觀音菩薩的義工，只要是服務眾生，是為了銜接觀音菩薩的慈悲，大大小小事情我們都要去做。所以我們都是觀音菩薩的化身，生活中的點點滴滴都要學觀音菩薩，這樣我們的大悲力量就會出來了。

大家持咒的時候，要虔誠、專心，不要一閉關、一持咒，就什麼雜七雜八的東西都跑出來了，持〈大悲咒〉時身口意要清淨，所以在閉〈大悲咒〉關時，要受八關齋戒，過過出家人的生活。如果我們能夠守八關齋戒，並持〈大悲咒〉，21天下來一定會有很好的感應，大家要有信心。那天我們發願閉關21天的時候，有一個菩薩，他就夢到海滾起來了；這在《大悲心陀羅尼經》裡面有提到，裡面說持誦〈大悲咒〉能讓海水沸騰，也能讓須彌山震動，更能讓一切眾生離苦。這個咒具有不可思議的力量。所以不管是閉21天、或是7天、甚或3天的〈大悲咒〉，大家要用清淨的身口意來持誦。只要能做好這件事，就是一件非常偉大的事。

今天因為地球日益不安，所以我們聚在一起好好地精進用功；感恩觀音菩薩慈悲的力量，也感恩地球給了我們這麼多，我們沒有其他的辦法能夠療癒地球，所以我們就用觀音菩薩的力量，迴向幫助地球健康。讓地球健康，唯一的方法就是累積善業，人心轉了，地球的命運就會跟著轉。像近年來天氣的劇烈變化、天災劫難不斷地發生，都是人心感應出來的，可是我們為什麼都不感應好的來，卻拼命去感應壞的？所以我們用持誦〈大悲咒〉的願力，

累積變成更大的慈悲，來讓地球健康、平安。每個人雖然只有小小的力量，但聚沙可以成塔，相信大家一起努力、精進，一定可以實現這個願力。

持〈大悲咒〉，必須發起菩提心跟大悲心，這兩個心合起來就是佛心；我們在生活中要行的八正道也離不開這兩個。大家只要能夠在生活中實踐菩提心跟〈大悲咒〉，就是實踐八正道。這樣在生活中我們念念都是〈大悲咒〉，念念都是菩提心、都是覺悟的心，我們對任何的事事物物都能夠醒覺而不貪執、不迷惑，用念〈大悲咒〉來解脫各種的束縛、無明與分別心，用念〈大悲咒〉來解脫生命中一切的生滅法。

我們這一次閉關是很難得的，所以這一次發願念咒，迴向平安地球，我們會立一個碑，紀念我們這一群人共同做了這件關心地球、付出愛心的事，這是一種祝福，也是一種祈禱，也是我們啟動觀音菩薩的〈大悲咒〉的咒願——菩薩的願力，我們催動菩薩的願力，讓菩薩的願力轉動起來，讓觀音菩薩的慈悲，關護地球。現在的地球，就像人生了病，倒在地上一般，我們要趕緊祈求觀世音菩薩來救地球。我們念〈大悲咒〉，就是向觀音菩薩祈禱，促發觀音菩薩的慈悲心，這在密乘裡面叫做心相續，就是把觀音菩薩慈悲的心與我們相續，產生更大的力量，來護祐地球平安，以及我們生生世世的伙伴，大家都能平安、都能離苦。

〈大悲咒〉能夠救拔世間種種的苦，唯有〈大悲咒〉可以救拔八萬四千苦，《大悲心陀羅尼經》裡面講得非常清楚。所以只要持好〈大悲咒〉，就只要用這一招，就可以闖遍天下無敵手，一招就夠了，所以大家好好地用心念〈大悲咒〉。大家不要隨便生起念頭，我們做什麼就是專心做、用心做，不要前想後想，那就沒有甚麼功德。專心做、用心做，死心塌地地做，就會有都很好的感應。阿彌陀佛！

04/22

地球平安碑揭碑 百萬真心護地球

為響應與落實「世界地球日」的核心精神，心道師父發起「百萬真心　地球平安」運動，以「宗教心」、「和諧心」、「關愛心」三大真心為核心價值，分別舉辦「百萬禮讚愛地球」、「百萬微笑護地球」，以及「百萬植樹助地球」三大百萬活動，做為具體實踐的法門，而這也是心道師父「心和平，世界就和平」理念的延續。

「百萬禮讚愛地球」活動首先進行「地球平安碑」揭碑儀式，紀念從4月1日啟關21天，由心道師父率領海內外四眾弟子虔誠閉關持誦超過一百萬遍〈大悲咒〉的歷史創舉，以百萬遍的〈大悲咒〉，在世界地球日當天迴向地球平安。

在揭碑儀式後，心道師父與各界貴賓共同將來自世界各大宗教的聖沙、聖水或聖物注入象徵地球的模型；師父並偕同時任副總統蕭萬長把經過132萬3,661遍〈大悲咒〉祝福的淨水灑向地球，象徵齊心以各宗教最虔誠的禮讚，祝禱地球無災無難、和諧平安，現場同時施放五彩煙火，圓滿此次「地球平安禮讚」活動。

心道師父認為，目前地球的危機，追根究柢就會發現問題來自於人心，外在環境的好壞相應於人心的善惡。師父強調，人人都是地球園丁，皆有責任與義務為地

↑靈鷲山無生道場的「地球平安」紀念碑，象徵眾人虔誠誓願發起大悲心，加入關懷生命、愛護地球的行列。

→心道師父與時任副總統蕭萬長（右），一起撒下聖沙聖水，迴向地球平安。

球平安盡一份心力，當前地球所面臨的環境遽變、糧食短缺或經濟蕭條等危機，皆導因於人類在道德本質上的危機，此危機即是因人們缺乏慈悲心。師父進一步指出，修練慈悲心對每個人，對世界是非常重要的，因為慈悲心能讓大眾提升自己成為轉化地球危機的功臣，讓生命得以永續生存，地球和平。

肆月
April

百萬大悲法水加持
2012潑水節「泰」福氣

每年4月是泰國的傳統新年，俗稱「宋干節」，是所有泰國人民最期待的時刻。為了一解在臺灣工作的泰國勞工朋友的思鄉之情，桃園縣政府在桃園巨蛋體育館舉辦「2012泰國潑水節」活動，並第四度恭請靈鷲山富貴金佛及國王金佛蒞臨會場，為所有人加持祈福。由於4月21日正值靈鷲山「21日百萬大悲咒願力閉關」圓滿，靈鷲山特別將共修132萬遍〈大悲咒〉的「百萬大悲法水」送到潑水節會場，將百萬福氣遍灑到在場每一位泰國勞工朋友身上。

潑水儀式開始前，首先由桃園縣消防局打火弟兄們捧著大悲法水，將法水倒入泰籍勞工朋友手中的銀缽，隨後由桃園縣縣長吳志揚及前勞委會主委王如玄共同將象徵福氣的水柱，潑灑向臺下的上萬名勞工朋友，一如往常，所有人不但搶著被水潑到，還高興地在水花中手舞足蹈，現場氣氛High到最高點。

為了感恩富貴金佛普照桃園，潑水儀式結束後，縣長吳志揚也前來禮拜富貴金佛，並邀請靈鷲山富貴金佛年年普照桃園，讓這份殊勝的加持力帶來富貴與平安。

→近20名泰國勞工扛起靈鷲山「富貴金佛」
　繞場一周。

↓注入百萬遍大悲法水的水柱灑向臺下，上
　萬泰國勞工潑水同歡。

肆
April
月

堪布尊珠迦措教授藏密課程
僧眾學習事業金剛與藏傳法脈

心道師父自藏密最初傳入臺灣的1980年代開始，便與藏密各大教派重要上師有著密切的交流。1997~2005年間，師父除了得到寧瑪派《龍欽寧體》、《龍薩寧波》等伏藏法的灌頂與口傳之外，更邀請寧瑪派噶陀傳承毗盧仁波切於1998年起，為靈鷲山全體僧眾灌頂及口傳寧瑪派精華寶藏—《大寶伏藏》。

↑尊珠迦措堪布教授《蓮師薈供法本儀軌》。

2001年，寧瑪派噶陀傳承持有者第十四世莫札法王，於禪定淨觀中認證心道師父為噶陀虹光身成就者「卻吉多傑」轉世，過去生也曾經在那爛陀大學修學。師父此世則由噶陀傳承領袖莫札法王認證，且賜名為「巴吉多傑」（意即「吉祥金剛」），並於2002年4月於靈鷲山無生道場，由寧瑪派噶陀傳承毗盧仁波切主持舉行陞座大典。自此，奠定了靈鷲山金剛乘傳承法脈的地位，並依金剛乘傳統，於每日的僧眾日課誦中，加入密法儀軌的持誦，以及每月啟建蓮師薈供法

會、施食法會，與年度觀音薈供法會等，引領海內外佛子共同修學趣入。

　　為續宗風，2012年4月再度延請堪布尊珠迦措來山，進行為期一個月的僧眾藏密課程教授。

此次課程內容包含事業金剛：法務儀軌流程、法器實作、壇場佈置、多瑪食子製作，以及藏傳法脈：深入講授法本觀修與生起次第等要訣，以期金剛乘教法在靈鷲山圓滿傳承利生。

↓堪布尊珠迦措為靈鷲山僧眾進行
前行灌頂傳法。

肆

April

月

04/26

和諧世界 同願同行
第三屆世界佛教論壇登場

↑心道師父接受鳳凰網訪問時表示，「透過論壇的互動機會，讓大家了解佛法與其他宗教對現實生活帶來的利益，共同讓地球更平安祥和。」

第三屆世界佛教論壇4月26日於香港舉行，靈鷲山心道師父也受邀參加，與來自60多個國家地區的佛教領袖、諸山長老、學者專家及三乘法教法師等，針對本屆大會主題「和諧世界 同願同行」進行交流。

有鑑於全球各地天災人禍頻傳，造成嚴重災難，亟需國際間透過各種方式救援，發揮互助互愛的精神。心道師父接受訪問時特別提到：「人類的貪、瞋、癡造成內在的矛盾，所以學佛就是要學會覺醒與反省，從反省中檢視自己是否尊重自然、尊重他人，並從尊重中找到自己與他者之間的和諧關係；

從謙卑裡，再找到和諧的接合處，所以尊重、謙卑是很重要的元素。」因謙卑轉化衝突，因尊重增進和諧，讓各宗教、民族間皆能互助合作，這也是論壇主題「同願同行」的意義。

世界佛教論壇從2006年舉行第一屆以來，便不斷強化佛教教育與社會教育之間的互動，有效增進佛教間的團結合作、消解地區間的紛爭與衝突，共同建設人間淨土。透過佛教論壇的互動機會，讓大眾了解佛法與其他宗教對眾生帶來的利益，並且更有信心實踐菩薩道，讓地球平安和諧。

蘭陽萬佛燈會展示世尊八相成道典故
學習聖人見地 發現生命價值

蘭陽講堂每年於農曆4月8日釋迦牟尼佛誕辰日舉辦的「萬佛燈會」，已邁入第六個年頭。2012年蘭陽萬佛燈會以「祝壽感恩」為主題，現場展示世尊「八相成道」的典故，說明世尊一生八個重要的歷程，讓參與的十方信眾走入佛陀生命成長的歷程，學習聖人的見地與胸襟。

由於適逢母親節前夕，蘭陽講堂也同時作「百善孝為先」的推廣，現場提供每位參與者「孝親祈福燈」，另有「萬佛名經」的念佛活動，讓有緣人在持誦萬佛名經的過程裡與佛相遇，進而走入佛法的世界，發現生命的價值。

↑在萬佛燈會中結緣，為母親供一盞孝心燈。

和諧‧寧靜‧心和平一

04/28～04/29

國際交換學生宗教文化交流
感受和平不思議力量

由靈鷲山佛教教團與國際扶輪社3520地區共同主辦的「2012年靈鷲山國際扶輪交換學生宗教體驗營」，於4月28、29兩日在靈鷲山無生道場舉辦。本次活動主題為「找到自己 心之道」，參與體驗營的學生們，從探訪靈鷲山、心寧靜體驗、茶禪體驗、佛教禮儀與朝山教導、《心經》共修以及行禪體驗等一連串活動中，深入瞭解心道師父對地球和平的信念及感受和平力量的不思議。

靈鷲山佛教教團舉辦「國際交換學生宗教體驗營」至2012年已邁入第四年，體驗營活動透過跨宗教、跨國界的宗教文化交流，呈現不同宗教對品格與生命教育的內涵，使年輕學子體悟對生命的承諾與責任。

→國際交換學生心寧靜體驗，感受心中寧靜悠遠的原始和諧。

←學員們對人文關懷的
　東方文化，以及慈悲
　為懷的佛教精神，有
　初步的體認，日後這
　些經驗都可作為文化
　交流時的資源基礎。

和諧・寧靜・心和平—

103

伍
May
月

05/01～05/05

關懷弱勢家庭
啟建法會清淨身語意

↓靈鷲山臺南分院於「社區弱勢家庭關懷母親節點燈祈福」記者會上，捐贈白米、食油予低收入戶，獲頒感謝狀。

靈鷲山臺南分院於母親節前夕舉辦「社區弱勢家庭關懷與母親節點燈祈福活動」，分別從「三心」出發─以「宗教心」邀請大眾參加梁皇法會，虔誠拜懺，生法喜結善緣；由「和諧心」祝禱世界和平，也為母親點一盞祈福燈，報答親恩；從「關愛心」扶弱濟貧，號召社會各界一起加入關懷弱勢家庭的行列。

心道師父說：「學佛行善就是發展生命奉獻生命，生命覺悟生命，發展福慧具足的生命。」靈鷲山注重以美好的善念關懷各個年齡層，傳遞身心靈和諧發展的理念，因此在母親節前夕啟建梁皇及三大士瑜伽焰口法會，以法會的方式，清淨個人的身語意，在繁忙社會中讓自己沉澱、心靈歸零。

法會期間，臺南分院亦將募集到的白米、食用油，捐贈給有需要的893戶弱勢家庭。這些涓滴累積的物資，代表著靈鷲山委員們實踐觀音菩薩的慈悲大願。臺南分院住持法住法師表示，「靈鷲山臺南分院啟建『梁皇寶懺暨三大士焰口法會』，是『三心』的積極實踐，讓與會大眾融入並發揮『孝心』、『關心』、『慈悲心』，關懷地方弱勢，祈求社會和諧、地球平安。」

讚念長老傳授禪修
開示慈悲喜捨四無量心

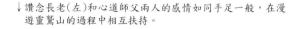

↓讚念長老(左)和心道師父兩人的感情如同手足一般,在漫遊靈鷲山的過程中相互扶持。

泰國南傳內觀大師讚念長老第三度造訪靈鷲山,並為靈鷲山全山僧眾傳授殊勝的禪修教法。

讚念長老感念心道師父佛行度生的悲願,每次有機會來到臺灣,總以靈鷲山為傳法的首站。這次的課程除了傳授南傳佛教的禪修和觀修次第外,讚念長老也對僧眾開示四無量心—「慈、悲、喜、捨」。慈心,代表的意義是願眾生具足樂及樂因,希望給眾生一切的快樂;悲心,代表的是願眾生永離苦及苦因,希望拔除一切眾生的苦;喜心,代表的是願眾生不離無苦之樂,希望眾生能夠一直安住在快樂中;捨心,代表的是願眾生永離親疏愛憎、安住平等捨,希望眾生能夠不取也不捨,能夠沒有對立,真正的自在。

讚念長老並鼓勵靈鷲山的僧眾們,「『捨』是有層次的,只有放下自己的想法,離相才能真正的放下,真正的捨下。修行『實踐』不容易,所以要謙卑、要不斷地實踐。」

↑泰國內觀大師讚念長老於無生道場教授「南傳禪修方法及特色」。

和諧・寧靜・心和平一

05/19～10/27

與佛做朋友
靈鷲山哈佛族首度前進大馬接新緣

↑2012靈鷲山青年學佛「與佛做朋友」系列活動「馬來西亞快樂青年生活營」圓滿大合照。

2012年靈鷲山青年學佛「與佛做朋友」系列活動，有許多跨越性的拓展與突破，除了每年都會舉辦的「尋根之旅」，還首度前往馬來西亞舉辦海外學佛營，以及結合大學服務學習課程等活動，讓參加者從中獲得許多的啟發與感動。

「尋根之旅」藉由尋訪心道師父的修行歷程，體會師父早年閉關時的苦行與毅力，感受師父以「慈悲與禪」為宗風的底蘊。

靈鷲山廿九周年之際，093哈佛族舉辦了一場別開生面的「093哈佛族同學會」。

在同學會與周年慶的服務接待及學習相配合，哈佛族幹部們藉由周年慶接引新緣來山同慶，並從中接觸、學習佛法。

2012年哈佛族首度走出臺灣，前往馬來西亞，與大馬青年團共同舉辦第一屆馬來西亞與佛做朋友—「快樂青年生活營」，由臺灣靈鷲山哈佛族幹部，將舉辦學佛營的經驗，傳承給大馬青年團。活動中，學員們彼此敞開心靈，體驗佛法所帶來的喜悅，感受佛陀的智慧，聆聽生命的意義，更在其中尋找到生命的答案，帶著豐富收穫與感動圓滿歸航。

←世新大學學生來山一日服務，一同在大寮歡喜學習。

2012年靈鷲山青年學佛「與佛做朋友」系列活動

日　期	活動名稱	地　點
05/19~05/20	心之道-尋根之旅	靈鷲山無生道場 宜蘭師父修行地
06/16~06/17	哈佛族同學會&與觀音菩薩過生日	靈鷲山無生道場
09/15~09/17	靈鷲山馬來西亞快樂青年生活營	馬來西亞吉隆坡
10/20	山海SPA心靈服務營	靈鷲山無生道場
10/27	哈佛族英雄Online	靈鷲山臺北講堂

而「與佛做朋友」的另一項創舉，也是首度舉辦的「大學服務學習課程－『山海SPA心靈服務營』」，邀請到世新大學經濟系學生參與。活動由三乘佛學院初修部學生擔任實習隊輔，帶領世新的同學們體驗學習與服務的樂趣。

哈佛族為靈鷲山的青年學子所組成，以趣味的觀點與時下最新穎的主題，號召全國青年學子，一同加入哈佛族的年輕團隊，享受不一樣的佛法樂趣；為了鼓勵哈佛族長期以來的努力耕耘，並特別舉辦「英雄Online」活動，不僅讓哈佛族更加認識彼此，也互相交流學佛的心得，一同在學佛的道路上互相砥礪、扶持，成為彼此的學佛「學伴」。

心道師父曾說：「要報答佛恩，就要承先啟後，把佛法傳給每個人，讓人人都能得解脫。而佛法的延續，就是要積極接引青年朋友的參與。」2012年靈鷲山青年學佛「與佛做朋友」系列活動，在哈佛族的熱忱參與之下，圓滿落幕。

和諧・寧靜・心和平一

伍月 May

中華百人慈善論壇臺北登場
心道師父籲以慈善帶動世界良性循環

「第五屆中華百人慈善論壇」5月27日於臺北舉行，來自海內外華人地區的傑出人士齊聚一堂，針對「慈善與宗教」主題進行深入研討。靈鷲山開山住持心道師父在受邀出席閉幕式時表示，「宗教的本質行為就是慈善」呼籲大眾透過慈善實踐帶動自我的反省與覺醒，了解萬物眾生都是生命共同體，唯有彼此以善護念，才能帶動世界的良性循環。

「中華百人慈善論壇」是由兩岸三地學界的知識份子共同發起，所成立自由開放的慈善討論平臺。靈鷲山慈善基金會秘書長洞音法師在論壇第三階段「宗教與慈善的展現」中，代表靈鷲山心道師父擔任「宗教組織從事慈善事業的具體體現」主題發表人，透過理念與實務分享，與兩岸四地的精英交流。洞音法師以「觀心與關心」為軸破題，闡述心道師父從建立靈鷲山佛教教團以來，以「慈悲與禪」為宗風，鼓勵大眾生起慈悲心，不只對自己的親人，也能對世間萬物慈悲為懷，發起善念、持善行而形成善循環。洞音法師並依此指出，要「觀心」才有「關心」，有了慈善心靈的時時提醒、觀照，「慈善事業」或「施捨行為」不僅可具體實踐，同

→心道師父致詞以2004年南亞海嘯跨宗教聯合勸募為例，說明跨宗教合作充分發揮了全球一家的精神。

時可超越權力、名望，化為無私利他的使命。

論壇議程結束後，主辦單位還安排與會貴賓參觀世界宗教博物館，了解臺灣各地不同型的宗教組織如何推動慈善及社會福利工作，讓宗博館的「臺灣經驗」跨越國界，帶往世界。

→靈鷲山慈善基金會秘書長洞音法師（前排右四）在會議點出宗教組織從事慈善事業應體現「觀心與關心」，會後洞音法師與貴賓們合影留念。

伍月
May

雲南海外聯誼會參訪無生道場
心道師父傳達和平理念

雲南省海外聯誼會為感謝心道師父2011年10月赴雲南騰沖，為1942年中國遠征軍在緬甸浴血奮戰的陣亡將士舉行安靈息災超度法會，聯誼會會長黃毅特地率團蒞臨靈鷲山無生道場拜訪心道師父。

心道師父與黃會長一行會晤時表示，「1948年我在滇緬邊境出生，因為戰亂而失去雙親，成為滇緬邊境的孤兒，對於和平的渴望，從小就萌芽滋長，之後因緣和合在臺灣成立了靈鷲山佛教教團，以慈悲與禪的宗風，從禪修、跨宗教交流及法會等各層面，展開弘法度生的佛行事業，為提供社會大眾心靈的良性循環而努力。」

心道師父與貴賓們以家鄉話聊得開懷，並為貴賓們獻上世界宗教博物館十周年紀念哈達，向雲南鄉親傳達「尊重信仰、包容族群、博愛生命」的宗博和平理念。

↑聯誼會會長黃毅（右）率團來訪，感謝心道師父得以讓忠魂歸國還鄉，並將「中國遠征軍紀念碑復刻雕像」贈予師父。

↓師父與雲南省海外聯誼會參訪團員一同合照留念。

陸
月
June

中華百人慈善論壇參訪團訪宗博
敬佩心道師父創建宗博胸襟

第五屆中華百人慈善論壇成員造訪位於新北市的世界宗教博物館，參訪貴賓對心道師父「尊重、包容、博愛」的創館精神相當認同，也由衷佩服佛教徒籌建跨宗教博物館的胸襟。

貴賓們在了解到宗博館的創建底蘊，是以豐富人類心靈視野，促進宗教交流，推動世界和平為目的後，感到十分崇敬，並認為心道師父這份用愛撒下GLOBAL FAMILY的慈悲種子，是全世界人類生命價值的所在。

↑「第五屆中華百人慈善論壇」與會人士參訪世界宗教博物館。

無錫君來集團考察團來館
讚尊重 包容 博愛創館精神

↓在館員的細細解說下，君來集團一行對宗博館內陳列的文物有更深的認識。

江蘇無錫君來集團參訪世界宗教博物館，參訪團對於館內別出心裁的展示空間，以及運用高科技營造豐富多元的聲光效果，滿足觀眾的聽覺、視覺、觸覺感受，給予高度的讚賞，這份讚賞不僅提昇宗博館在兩岸四地的能見度，也將「尊重、包容、博愛」的創館宗旨向海外傳播。

↑江蘇君來集團主席朱曉君(前排左四)與宗博館館長江韶瑩(前排右四)等人合影，雙方盼未來能持續為兩岸宗教文化交流上盡一分心力。

浙江民族宗教委員會參訪
肯定宗博教化影響力

↓一位道長正靜坐在靈修學習區，藉運氣調節氣息，使體內力量暢通無阻，提升生命活力。

浙江省民族宗教事務委員會宗教一處處長吳夢寶，協同浙江省道教協會會長高信一及道教協會會員，一同參觀世界宗教博物館。

貴賓們對於宗博館忠實地體現佛、道兩個宗教展區教業與建築風格感到十分讚賞，並認為浙江省道教發展已有兩千多年的歷史，期望佛道之間能夠攜手合作，擴大對社會正面的影響力。

↑道長們聚精會神地凝視以太極、四象、八卦、十二生肖及二十八星宿組成時間與空間的圖騰。

↑臺灣明愛會一行在金色大廳合照留念，圓滿本此參訪宗博館。

溫暖明愛心
天主教明愛會體驗華嚴世界

臺灣明愛會6月26日參訪世界宗教博物館。「明愛」是天主教教會為協助主教們以教區為單位的組織，以實踐天父愛人為使命。在2012年3月由世界宗教博物館舉辦的「春祈會」，臺灣明愛會亦受邀於會場祈誦主禱文。

明愛會成員在參觀宗博館的過程中，體驗淨心水幕的潔淨儀式；並沿著朝聖步道，感受朝聖者旅途中的心境變化；隨後陸續在導覽人員的解說下，體驗掌痕手印區、金色大廳、世界宗教展示大廳及世界宗教建築縮影展區等展區，品味華嚴世界的真善美聖。

↑臺灣明愛會一行在宗博館伊勢神宮建築縮影前，駐足聆聽館員的解說。

和諧・寧靜・心和平

119

陸月
June

心道師父大馬行
主法大悲觀音祈福法會

↑ 靈鷲山馬來西亞佛堂於柔佛新山南方學院啟建「千燈供佛大悲觀音祈福消災大法會」，並恭請心道師父主法。

心道師父於新加坡與馬來西亞弘法期間，在馬來西亞柔佛主法一場由當地信眾獨立承辦的大悲觀音祈福法會。師父於法會開示時說道：「觀音菩薩因為聽聞〈大悲咒〉，而從初地菩薩成為八地不退轉菩薩，因此觀音菩薩生生世世便持誦〈大悲咒〉來利益眾生。而觀音菩薩的另一個短咒『嗡嘛呢唄美吽』，意思是『心的蓮花開放』，也就是明心見性的意思，如果我們能夠持誦這個咒語，也就能夠開發我們心的寶藏。

觀音菩薩的長咒及短咒，就是觀音菩薩的化身，也就像觀音一樣救苦救難、有求必應。持觀音的心咒、修觀音的法門，依照觀音菩薩的願力一直做下去，生命也會像觀音菩薩的生命一樣，生起慈悲心、成就菩提道。

←心道師父與南方學院的信眾們一同合影。信眾們說：「師父就像千手觀音一樣，時時指引眾生心的方向。」

↑法雨禪寺監院信光法師(後排右六)偕同舟山市民宗局處長郭紀兵(後排左四)一同拜訪無生道場,為兩岸交流增添一則佳話。

兩岸菩提心 觀音一線牽
普陀山法雨禪寺信光法師來山參訪

普陀山佛教協會副會長,同時也是法雨禪寺監院的信光法師至靈鷲山無生道場拜訪心道師父,雙方並商議2013年恭送靈鷲山多羅觀音至普陀山普濟寺的相關事務。

信光法師讚美心道師父的心就像菩薩的心一樣慈悲,以觀音的慈悲心容納世界上不同的宗教。心道師父回應信光法師表示,「面對宗教之間的異同,謙卑是最好的交友方式,我透過實踐來和大家分享,期許各宗教聯合起來奉獻對世界的關懷。而我們是以禪為主,共同去弘揚三乘。佛教三乘是釋迦佛留給後人寶貴的遺產,所以佛教三乘應該要合作,共同關懷人間,這是我們中華文化中最珍貴的信仰。」

↑心道師父與信光法師(左)相談甚歡,並期許佛教三乘能夠團結,以佛法為依歸,為關懷人間攜手努力。

和諧・寧靜・心和平一

121

陸月

靈鷲山廿九周年
心道師父勉實踐菩薩道

心道師父曾說：「開山周年慶，就是靈鷲人自我驗證有沒有『在慈悲裡成就禪的直指，從禪裡顯現慈的憐憫與悲的拔苦』的時刻」。

6月17日是靈鷲山廿九周年慶，當日清晨6時許，一批批精進朝山信眾在細雨涼風中九跪一拜，以風雨洗滌身心，感受動中禮拜的寧靜。另外，為了延續弘揚大悲觀音法門，每年的周年慶，皆恭請心道師父主持大悲傳法。眾人以〈大悲咒〉共修砥礪自己，學習觀音菩薩聞聲救苦的精神，長養慈悲、廣結善緣、開啟智慧。

依循周年慶的傳統，道場特別開放心道師父閉關所在的觀音殿，供回山大眾朝禮。文化走廊亦特別規劃「靈鷲山開山廿九周年攝影特展」，包括展現靈鷲山之美的「靈鷲有情」靈鷲山攝影展、回顧2012年紀事的「29年菩提路－慈悲與禪的踐履」、以及「閉關風雲」心道師父攝影首展。

新北市市長朱立倫等貴賓亦親臨靈鷲山無生道場祝賀，並與心道師父一起推廣「全球寧靜運動」，共同對外傳遞寧靜與愛的力量，為地球平安祈福。

↑心道師父與貴賓們一起切蛋糕，慶祝靈鷲山廿九周年。

↑在祖師殿朝禮祖庭。
←在法華洞親炙心道師父閉關苦修實
　境，學習讓寧靜駐足、對生命豁達。
↓千人大朝山，莊嚴清淨心。

靈鷲山開山29周年慶
千人大朝山

↑在靈鷲山最高點的十一面觀音前，信眾們雙手合十靜心繞塔。

↑靈鷲山主殿之一的開山聖殿，提供平安禪修的體驗，信眾在此可禪坐片刻，讓心歸零。

↑宗風傳承表揚—「修行之道無它，就是堅持、踏實，自然就能法喜殊勝。」

師父於開示時勉勵大眾，「無論外在如何紛亂，每個人都應回歸自己的心靈，從一己的善心善念出發，以宗教柔性的力量，和諧社會、慈悲地球，輝映大眾對社會祥和、安定的殷切期盼。」

從正法傳承辦道、提升心靈的利生關懷到對生態倫理與自然環境的尊重，29歲的靈鷲山，始終以穩定的步伐向前，建立了一個培福增慧的清修淨土。心道師父祈願全世界佛弟子皆能時時正面思考，積極而行，保持樂觀，用慈悲的力量完成「利他」；同時利用禪修作為對自身的要求。師父並與大眾預約一起邁向靈鷲山30年，實踐「傳承諸佛法，利益一切眾」的菩薩道。

↓心道師父傳法開示，並傳授平安禪。

陸月
June

2300萬人的幸福學堂
體驗生命真諦 偏鄉學童參訪宗博

世界宗教博物館與財團法人王永慶先生教育基金會合作，免費提供新北市偏遠地區的國小師生參觀宗博館，透過館內

的展示與教學資源，欣賞多元文化，根植生命教育，以培養正向、樂觀、積極的生命觀及人生觀。

「2300萬人的幸福學堂」從6月26日起正式開學，第一所參觀的小學，是來自以煤礦及老街聞名的菁桐國小；6月28日則邀請烏來國小的原住民學童來館參觀，主辦單位並在記者會上正式宣告，「2300萬人的幸福學堂」將自新北市開始，未來將於全臺各地陸續開課，期許宗博館成為全民的幸福學堂。

世界宗教博物館開館10年來，一直致

↑學生們圍繞著道教圖騰，討論著各種動物的形象。

力於推廣生命教育，讓臺灣下一代擁有幸福的笑容。2011年宗博館館慶時，誓願為全臺灣學齡兒童「打造臺灣的幸福學堂」，讓每個人都能擁有一座散播「愛與和平」種子的心靈花園，讓平靜和諧成為一份無可取代的幸福。

邁入下一個及未來無數的10年，宗博館與王永慶先生教育基金會攜手打造的「2300萬人的幸福學堂」，將從精緻、科技、細膩、人文的多元角度，持續陪伴全臺灣的孩子在成長的青春路上體驗及學習「尊重、包容、博愛」的真諦。

↑孩子們隨著導覽人員，展開探索「愛的森林」的新奇旅程。

「2300萬人的幸福學堂」參觀名單

時 間	地 點	時 間	地 點
06/26	平溪區菁桐國小	10/09	宜蘭縣永樂國小
06/27	三峽區有木國小	10/11	貢寮區福隆國小
06/28	烏來區烏來國小	11/06	雙溪區上林國小
09/13	三芝區橫山國小	11/08	基隆市瑪陵國小
09/18	瑞芳區九份國小	11/13	萬里區大鵬國小
09/25	三峽區五寮國小	11/16	宜蘭縣東澳國小
09/27	貢寮區和美國小	11/22	三峽區插角國小
10/04	金山區中角國小	12/11	板橋區後埔國小

↑適逢「說龍解密」特展，學童們戴上自製的龍型頭冠留影。

2011/11~2012/06

實踐慈悲與禪宗風
締造華嚴世界

↑臺南區護法會在心道師父的帶領下，虔心供燈禮佛。

從2011年11月開始，心道師父陸續到全省各地護法會，與區會幹部們聚會，除了聆聽弟子們分享投入護法事業的心得之外，也給委員、儲委們加油鼓勵，希望大家在菩薩道上，能夠更堅固不退。

心道師父在11場的「與師有約」活動中，分別就佛法、禪修等各個面向，給予護法會成員們開示，師父說：「由於這個世間有生老病死苦，所以我們跟隨佛陀的法教，以及跟隨一群善知識，學習如何離苦得樂。當生活中遇到不如意、反反覆覆的事情，如果能夠用佛法來面對，就能夠得到轉換。」

另外，心道師父特別提到，近年來靈鷲山積極推廣的〈大悲咒〉共修是依照觀音菩薩的願力，跟隨觀音菩薩走一條永遠慈悲的路線，給予大眾增長智慧。而

↑緊張與喜悅的表情全寫在護法委員及儲委們的臉上。因為他們知道，肩上所擔負的是靈鷲山的理念與使命。

↑東區護法會的儲委們發願，願跟隨心道師父的法教，生生世世做觀音的化身。

每年農曆7月啟建的「水陸空大法會」，則是在做一種結緣的工作，讓大眾解冤、解業，在生命中減少障礙、增多善緣。

「抱持正面的心，態度就會非常的積極，用正面的想法處事，不要用消極的想法扯自己的後腿，不往悲觀的地方想。如果一個人有了慈悲與智慧，就是一個積極又樂觀的人。」心道師父勉勵護法會成員們，在護持三寶、布施、發菩提心、行菩薩道等各方面，都能夠實踐靈鷲山「慈悲與禪」的宗風，共同締造充滿愛與和平的華嚴世界。

↑從護法會新北市B區開始，心道師父自此展開為期10個月與護法會成員們的心靈交流之旅。

↑第二站來到南臺灣的高屏講堂，高屏區護法委員們虔敬喜樂地與師父合影。

「與師有約」場次時間表

時　　間	地　　點	備　　註
2011/11/12	新北市分院	新北市B區
2011/11/19	高屏講堂	
01/08	基隆講堂	
01/11	臺北講堂	
05/05	樹林講堂	新北市C區
05/06	臺南分院	
05/11	嘉義中心	
05/12	新北市分院	新北市A區
05/18	桃園講堂	
06/29	蘭陽講堂	
06/30	臺中講堂	

↑臺北市區護法委員們一一向師父與現場大眾分享自己學佛的歷程。

↑新北市C區護法委員們，以手語表演「無盡的奉獻」，誓願實踐靈鷲山護法會的使命。

2011/11/19

高雄與師有約
師父期勉護法委員耕耘福田 利益眾生

↓心道師父開示結束後，帶領西區護法會進行大皈依。

我們護法會的幹部都非常地優秀，每個委員上臺都能侃侃而談，講起話來也非常有氣勢，也非常得體、令人感動；他們分享的經驗，值得我們借鏡，這些都是我們靈鷲山的服務精神。做為一個委員，就是要自己站得穩、敢講，因為我們從不做令人罣礙的事情，反而是做讓他們行善、賺大錢，好命又好運的事，這有什麼不好？所以要大聲地分享出來。

我們之前都認為博物館蓋好了，工作就結束了，事實上博物館永遠沒有蓋完。我們為什麼要蓋博物館？其實蓋博物館只是個表象，重要的是為了作福、造福眾生。想當初我們的組織由零開始，就是從建造博物館開始，有了靈鷲山護法會。博物館的理念是尊重、包容、博愛，為了蓋博物館我們有了利他的心，跟著我們的心量也大了；透過蓋博物館，我們推動大眾來學佛，把佛法傳播到每個人心裡。我們為了造福眾生，蓋了這個博物館，讓每一個人都能參與其中，大家的福氣也就在裡

面，蓋博物館就是在為大家蓋福氣，所以博物館是永遠蓋不完的。

什麼叫福氣？福氣在哪裡？一切的眾生就是我們的福氣，一切的眾生就是我們的福田，我們去耕耘它，讓彼此環扣、串在一起，這樣大家都會有福氣，這是大菩提的成就。什麼是大菩提？「因佛成佛」，這個「因」就是菩提心──因為菩提心而成佛。現在大家跟著師父，就是在做行菩薩道、成就菩提心的事，也是成佛的事。

行菩薩道就要行普賢十大願。每天我們要好好研讀普賢十大願，都要做普賢十大願；只要天天都能做到普賢十大願，生活就無障無礙。靈鷲山委員做的事情，就是普賢十大願的工作，禮敬諸佛、稱讚如來、廣修供養、懺悔業障、隨喜功德、請轉法輪、請佛住世、常隨佛學、恆順眾生、普皆迴向等，做這十項工作，讓我們心中一點障礙都沒有。《普賢行願品》裡面有講，只要力行十願，一切業障就會消除，並能累積自身福慧資糧。所以我們要好好做委員，力行十願，走向菩提大道。

6月30日「佛法大使 與師有約」系列活動，最後一站臺中講堂。師父在11場的活動中，就佛法義理的解析、禪修實踐的精進，給予護法會成員們的開示外，也藉由這機會在臺灣各處留下慈悲的足跡，繼續向社會大眾推行靈鷲山「慈悲與禪」的宗風與「愛與和平」的理念。

在菩提道上，我們沒有退路，我們要為自己未來的福氣、命運努力，努力地走這一條路；在世間，我們的事業不是賠就是賺，但是在菩提道上只有穩賺不賠。只要我們的身口意清淨，在生活當中就一定賺。常有人說：「師父您太累了，要休息一下。」可是我不希望我的生命有空白的地方，希望每一個時間都是我生命的覺悟、生命的奉獻；覺悟跟奉獻就是我的生活。大家也要時時不忘做連結生命的事，今生的行為、實踐就是我們未來的生命。

通常我們說到生命，都只講今生；但是，一旦發心行菩薩道，我們的生命生生世世就會銜接在一起；我們因為跟靈鷲山結有深緣，才會在一起做「生命奉獻生命，生命服務生命」的工作。這樣的願力也造就了我們生命中的福氣、健康、快樂、神聖、解脫與喜悅。

大家都知道「有愛心就有快樂」，如果沒有愛心，就如木偶一般，到哪裡都是冷漠麻木，不覺得世上有什麼精采事情。因為我們有愛，可以滋養生命中的一切；沒有愛心，生命就會無趣。

我們要有願力、慈悲，跟著佛陀走，這就是我們的行願資糧。所以，只要我們的委員有什麼障礙，師父就會叫他試試看念經，平常沒什麼事情，可以讀《普門品》、《藥師經》；如果是"逗到"（註：碰到、遇到）比較嚴重的事，就可以念念《法華經》，如果更嚴重，那就要念《華嚴經》。我們"逗到"障礙去學這些經典的時候，就會很入心；為了解決煩惱，我們會更努力地做、更努力地學，這就是所謂的「逆增上緣」，讓我們因為困難而更精進學習。

念經不是有口無心地念，要好好體會。經就是路，是通往成就的路，也是佛說的經典，裡面教導我們為何要守規矩？如何守規矩？我們如果不守規矩，就會觸犯很多的煩惱，煩惱多，障礙也就多；障礙一多，更無法好好學佛。所以大家現在能夠做到這樣，表示有用心在學佛，有把佛法用在心裡、用在生活，都在佛法的薰陶裡面。

生活中會有很多的煩惱，我們要從煩惱裡面看到佛法，彼此相應。我們把所念的《水懺》、《普門品》、《藥師經》這些經典的東西與眾生分享，彼此就會有福氣，也能開展自身智慧。學佛法、做委員跟一般沒有學佛的人，真的差很多。做為一個委員對佛法真得會有不同的受用，因為我們有承擔，懂得分享，當我們跟他人分享的時候，對佛法就更有體會、也更能運用。事實上，在生活中應用佛法，才是快樂的。

學佛首先要有正見。正見就是相信因果，因就是菩提心，果即正等正覺。世間一切都是無常，我們要消化自身積存的眾多執著；唯有放棄執著，心裡才沒有障礙。我們的生命被業力所引導安排，業力就是過去我們自身所做，我們的生命會跟著自身所造業力走，無論好壞。而我們現在的行為，都在創造業，也就是都在業力裡面；一般人的業力就是業力，可是我們的業力裡面還有願力，因為一般人在快樂、順利的時候，不會去做很多行善的工作，而是專注在賺錢、儲蓄或一些數字的事情上。可是我們不一樣，我們發願要常做利他的事情，所以我們生命的起落就不在業力的控制底下。業力是動態的，如果我們能夠一直將業力轉成願力時，我們就成功了。

生命產生的關鍵在記憶體，這一生我們的記憶環扣了多少人，這個記憶體就會在未來再環扣多少的人，所以我們要把福氣延伸、環扣。好比一個家庭一定會注意家庭的經濟，如果家庭的經濟失衡了，這個家就會瓦解，所以

我們會注意家庭的經濟。同樣地，我們生命的經濟是從福氣來的，福氣是由日常生活的思想、行為來的。

在生活中，我們要去改變貪、瞋、癡、慢、疑這些習氣；沒有這些習氣，生命就是福氣了。如果不改的話，這些東西就會成為生命中的「漏洞」，好像用破碗裝水一樣，水會一直漏出去。我們的習氣如果可以轉換，漏洞就沒有了，就能把福氣儲蓄起來。

佛法裡面講求的就是一個緣份，我們修行，是站在一個歡喜心上。人家做的好，我們歡喜；自己做不好，要努力，也就是我能夠做多少這是我的緣，不要硬去跟人家比。我們要努力走這條成佛的路，把佛法種子種下，不要使這塊田貧瘠了，什麼都沒種，未來就會沒收成。

所以我們努力做，是為了自己，不是做給別人看的。既然為了自己，就沒有什麼得失心的。我們就是盡量努力，讓自己高興，不要浪費生命、時間。跟師父學佛，就是替自己與他人造福氣，比如說我們建設華嚴聖山，點點滴滴都是為別人種福田，只要他碰到佛法，那他就會與我們產生環扣，有了好的因果了。

大家不要一天到晚換道場，因為換來換去，換到最後連我們自己都會混亂。我們跟一位師父跟久了，就會有慣性、習慣；如果到別的道場，又是另一套模式、方式。所以在這裡我們熟悉教團，到別的地方又要重新開始。我希望大家一步一步地走，從基層做起，從苦行去修，相信會很有體會、會有很大的成長。在靈鷲山，我們是以服務別人、生命服務生命，到哪裡都是做服務，這是我們主要的生活。

做靈鷲山的委員真得不簡單，大家都是有緣人，身為一個委員就是把我們跟師父的緣、跟佛的緣推廣出去，然後把這個緣生生世世地銜接起來，它不是今生做完就沒事，我們要把這個緣串連、連貫起來，等我們來世再生的時候，彼此就又會因為緣份再串起來。

大家跟靈鷲山有很好的緣，有清楚的方向、目標，知道自己走的就是願力、慈悲、觀音與禪的路，我們要一直走下去。大家要好好體會，在願力裡面尋回自己，做修行的工作。比如說〈大悲咒〉就是我們的願力資糧，沒有這個資糧，很多願力是沒有辦法實現。大家要持〈大悲咒〉，不要懶惰，每天要念108遍，這是我們弘法利生很重要的修持法門。

禪跟〈大悲咒〉是我們度眾的法門，禪是我們的根，〈大悲咒〉則是我們的資糧。因為師父修苦行，所以也希望大家從苦裡面體會佛法，更紮實、更堅固地知道諸多眾生的苦。要

知道，沒有佛法，在人生道路上就無路可走。我們人生短暫，今日有福氣行菩薩道，現在不好好做，東換西換，如果跌倒了，那怎麼辦？我們要好好地走這條路，走得平穩，走得信心十足，這一生就不虛度，掌握好人生方向盤，走向利他的成佛大道。

朝山、持〈大悲咒〉還有水陸法會，這三個是我們接引眾生學佛的方便法門。大家用這三個方便去做，就是在蓋福氣。我們現在在蓋華嚴聖山、宗教大學，這與博物館一樣，都是為了讓更多人學佛。並不是建大學、蓋聖山有什麼了不起，重點是我們做利生的工作，服務生命的工作。未來人家學佛，這些志業就是一盞永遠不熄滅的燈。我們是在傳佛法的燈，把佛的明燈連貫起來、傳續下去，不讓燈熄滅，這才是我們靈鷲山護法委員主要的目的。燈不熄滅，我們的福慧就具足了。我們的迴向文，「佛陀妙法眾中尊、直至成佛永皈依、願我所作諸功德、為利眾生而成佛。」就是我們的願景，目標，大家不要忘記了。

2012/03~06

2012春季臨終關懷培訓營
體悟生命價值與意義

↑「服務的倫理與心態」是臨終關懷培訓的重點課程之一，念時培養慈悲心、結好緣，累積福德資糧。

靈鷲山慈善基金會秉持心道師父「傳承諸佛法．利益一切眾」的精神，定期舉辦臨終關懷培訓課程，讓學員們能夠認識生命、能夠學佛，進而進入兼善天下的佛化世界，讓「臨終關懷」成為助人的善行與利己的修行。

2012年春季臨終關懷培訓營規劃了一系列課程，包括「如何安排一場莊嚴的佛事」，令家屬生起正見；「佛教對生死的看法」，透過明白、實踐佛陀的教說，了解生命的真理；以及威儀練習、我如何踏上菩提路的分享……等等。

心道師父在《觀生死即涅槃》一書中開示：「生死之所以恐怖，是因為不知生從何來，不知死後要往哪裡去。我們對生死充滿迷惑，因為迷惑，就變成恐怖，因此會覺得死是人生裡面最大的一個忌諱。」

今日科學昌明，但人們對於生死問題所知仍然有限，而且也無法破除生死的

2012年春季臨終關懷培訓營場次時間表

時　　間	地　　點
03/25	無生道場
04/28	基隆講堂
04/29	桃園講堂
05/05	高屏講堂
06/03	臺南分院
06/10	新北市分院
06/24	臺北講堂

疑惑。透過「臨終關懷培訓營」，運用佛法的大悲心照顧每一位臨終者和他們的家屬，讓好的緣及好的能量共同創造溫暖的生命，更進一步走進佛法，「照見本心，找回自已」，探詢到生命的本來面目。

↓經由佛法的引領下參悟了生死大事，在面對家屬親友的不捨之情也都能秉持大悲心來關懷照顧他們，讓好緣結起，創造善循環。

柒

月

July

07/04

三乘佛學院初修部畢業典禮
師父期勉僧眾入佛知見

靈鷲山三乘佛學院成立的宗旨為「寺院學院化，學院寺院化」，經由學院教育及訓練僧才，成為弘揚佛法、傳承法脈的人才。三乘佛學院兩年的教育，目的在於培養僧眾成為利益眾生的弘法僧，並在不斷地弘法當中，長養自己的菩提心，並啟發眾生的菩提心。初修部僧眾在圓滿了兩年的學院學習之後，便轉入各項執事的工作，以期將學習到的佛法涵養，運用在實際的社會世間中。

2012年7月，靈鷲山三乘佛學院舉辦第七、八屆初修部畢業典禮，恭請心道師父為畢業生勉勵開示，「學佛的教育就是知道怎麼改進自己，怎麼樣去聽話。沒有入佛知見，就不知道生命的意義在哪裡，也就不能了解苦從何而來，進而珍惜生命。即使證悟了，我們也還是要不斷地學習，如今的畢業只是一個階段，接著還有更多的畢業：學佛，成佛，自覺，覺他。」

↑學院的成立在於培養好的弘法人才，弘揚三乘利益眾生。

靈鷲山三乘佛學院

第七、八屆　畢　業　典　禮

十位畢業生將兩年來的學習歷程化作一段挑戰自我，勇者無敵之旅。

↓法會一開始，心道師父先為大眾傳授「一分鐘禪」及觀世音菩薩的修持法門。

心道師父泰國弘法
勉以愛心滋潤有緣眾生

靈鷲山泰國講堂啟建「悲心轉念 地球平安 大悲觀音消災祈福法會」，由心道師父親自主法，帶領十方信眾共同持誦〈大悲咒〉，祈願以觀世音菩薩聞聲救苦的精神、慈悲度眾的願力，匯聚所有與會善信的一念真心，為共同生存的環境祈福，迴向地球平安。

祈福法會主軸為「大悲法門的傳授與共修」。觀音菩薩用慈悲灌溉人們的心靈，讓人們得以學習以大愛關懷地球、關懷人類。大眾在法會中修持觀音菩薩的法，等於結下了「生命奉獻生命、生命服務生命」的善妙緣起，把觀音菩薩的慈悲願力傳遞到全世界每一個角落。

心道師父於法會圓滿開示時說，「我們修觀音法門的人要積極、正面、樂觀、愛心，如此我們的環境、生活圈的家人及工作團隊都會快樂。」心道師父認為，愛心是一切快樂的泉源，沒有愛心的話，這個世界就像枯乾的河流，找不到滋潤；師父並勉勵大眾要常常用愛心滋潤周遭的每一個朋友，以及有緣相遇的每一位眾生。

↑一分鐘禪是為了忙碌的現代生活所提出的簡單禪法，讓煩躁的心快速沉澱下來。

墨西哥大使Jorge Chen(左)及中華民國駐泰代表處代表陳銘政(右)
受邀蒞臨現場，和心道師父一同為地球平安、世界和平點燈祈福。

143

柒月
July

慈悲與禪宗風傳承
兒童學佛營體現觀音精神

↑林睦卿老師以自己的生命故事勉勵小朋友，
勇敢面對人生中的挫折。

一年一度的靈鷲山兒童學佛營，從參觀世界宗教博物館揭開序幕。2012年特別邀請歷屆普仁獎得主參與學佛營，主辦單位並特別安排神秘嘉賓－2008年周大觀文教基金會熱愛生命獎得主林睦卿老師分享自己的生命故事，以此勉勵小朋友們，勇敢面對人生中的各種問題與挫折，並鼓勵普仁小太陽們繼續堅持溫暖善行，照亮黑暗，突破難關。

2012年兒童學佛營－「普仁Fun心營」的課程主題為「慈悲與禪」，以靈鷲山教團的宗風－「慈悲與禪」為主要目標，在四天三夜課程中，教導孩子們「慈」與「禪」的意義，透過活動體現觀音法門的精神，在如法如儀的佛門生活裡，學習遵守團隊紀律與建立互助合作的人際關係。

↑用故事來解釋護生觀念，讓每位孩童都能夠學習尊重生命、珍惜生命。

學子們以身體力行，體驗朝山的意義。

另外，還有認識靈鷲山、實地探訪靈鷲聖山，以及朝山故事緣起、懺悔與改過的意義等課程。

此次「普仁Fun心營」活動，給予家長

與孩子們一個嶄新的體驗，除了領略靈鷲山的山海寺院的美景之外，也讓靈鷲山慈悲與禪的宗風形象，深入他們的心中。

2013多羅觀音奉安普陀山
來臺會晤心道師父

↓繼2011年浙江普陀山「毗盧觀音」塑身來臺安座，2013年靈鷲山「多羅觀音」將安奉於普陀山，海峽兩岸攜手瀧播慈悲善種，締結觀音善緣。

浙江省海峽兩岸經濟文化發展促進會顧問蔡奇及會長裘小玲率領的參訪團一行到訪靈鷲山無生道場，為2013年靈鷲山成立三十周年，多羅觀音奉安普陀山的事宜與心道師父會晤，雙方交流意見。

心道師父表示，2011年浙江普陀山毗盧觀音奉安聖典順利圓滿，在共同推動兩岸宗教、文化的合作面向上，創下了一個重鑄毗盧觀音的先例；2013年臺灣靈鷲山將重鑄靈鷲山最具代表的多羅觀音寶像到浙江普陀山安奉，這是兩岸觀音道場交流的重要里程碑。希望更多人能因此加滿觀音的能量，連結善緣，讓人間有更多觀音菩薩的化身。

顧問蔡奇則表示，心道法師是兩岸著名的高僧，除了開創靈鷲山佛教教團，更有深受國際注目的世界宗教博物館及愛與和平地球家組織，為世界和平、人心和諧而努力。他認為，兩岸文化淵遠流長，在佛教信仰文化上，兩岸人民早已交流多時。浙江人民更期待2013年多羅觀音奉安普陀山能夠順利如期，因為無論是毗

心道師父認為，「中華文化的儒釋道精神要能深耕人心，才能開創出新中國的文化價值，讓心和諧，也讓世界和諧。」

盧觀音或是多羅觀音，皆是觀音慈悲的見證，庇佑兩岸人民。

南海普陀山與靈鷲山相承同一法脈源流，靈鷲山以觀音願力精神，創辦世界宗教博物館，繼之在觀音菩薩的護念下，迎來毗盧觀音；靈鷲山的多羅觀音也將於2013年奉安普陀山，以甘露法水灌溉兩岸人民的心靈。

三乘佛學院教育之旅
參訪佛光山佛陀紀念館

↓佛光山致贈佛陀紀念館落成紀念專輯予靈鷲山首座了意法師(左)。

靈鷲山三乘佛學院師生一行，在靈鷲山首座了意法師的帶領下，至佛光山總本山與佛陀紀念館參訪，進行為期兩天的「教育之旅」。

了意法師致詞時表示，星雲大師將當代的語言與文化連結做出新的銓釋，這是傳統的創新，也是當代人間佛教最佳的代表。

兩天的「教育之旅」除了參觀佛光山與佛陀紀念館，也參與「佛教與管理」、「教育經營」及「接心開示」等課程。翌日清晨並前往大雄寶殿做早課、參與行堂、走山等；最後參觀不對外開放的佛光山佛學院，結束豐碩的佛光山教育之旅。

↑靈鷲山三乘佛學院師生在首座了意法師的帶領下，參訪佛光山與佛陀紀念館。

印尼雅加達回佛對談
實踐宗教和平 世界和平理想

↑「回佛對談」的價值在於期盼世人藉由宗教的善與愛,從傾聽與謙卑中感受生命的價值與意義。

心道師父以「愛與和平地球家」創辦人的身分,參與在印尼雅加達舉行的第十三屆「回佛對談」。師父於開幕式發表「全球化時代下的宗教責任與使命」演說,並於閉幕式時帶領全體與會貴賓進行禪修。

心道師父指出,2012年末世學說,使人類的心靈更加徬徨不安,也變得功利與偏激,期待各宗教間的通力合作,引導人們以正確的態度來面對這些挑戰與威脅,並且在需要的時候,給予關懷與協助。師父亦提到,現今的宗教至少要有三個責任:一是盡力關懷和消除各種人類的苦難;二是提升人類整體的靈性和道德觀念;三是促進宗教之間相互合作共榮。透過慈善救助及社會實踐的方式,讓人心能夠寧靜和諧,並且充滿愛與良善;透過生命教育,進行扎根與深化,才能使宗教成為人類平安、地球和諧的重要推動力量,而不是衝突與對立的根源。

心道師父行腳國際20多年,持續在世界各地舉辦「回佛對談」,與各宗教進行對話與交流,共同討論、面對人類的問題,讓宗教和平、世界和平的理想,從「愛與和平地球家」的行腳中,逐步實現。

和諧・寧靜・心和平——

149

師父印尼回佛演講
全球化時代宗教的責任與使命

各位來自世界各地的朋友，大家好！

很高興今天能有這個機緣，在這裡和各位老朋友、新朋友進行這場既特別又熟悉的對談。還記得2002年7月，我們第三場回佛對談就是在印尼舉辦的，那時候就感受到印尼伊斯蘭朋友的用心與肯定。10年過去了，我們今天再次來到這裡，看到大家一樣地熱情在為促進全人類的福祉奔走與努力，也見到許多年輕朋友的加入，這讓我更加相信，「愛與和平地球家」的理念，絕對可以在大家的熱忱、理想和願力下，獲得落實與成就。

今天，我們談的主題是「全球化時代宗教的責任與使命」，為什麼要談這個主題呢？在全球化的今天，人類在生存議題上面臨許多新的挑戰與威脅，這讓人們的心靈徬徨不安，也變得功利與偏激。如何引導人們以正確的態度來面對這些挑戰和威脅，並且在需要的時候給予關懷、協助，就成為當代宗教責無旁貸的責任與使命。此次我深深期許宗教能成為人類在面對威脅和苦難的重要依靠，並能引導全人類走向光明與和諧。

翻開歷史，宗教自古以來，便具有安

定國家社會、引導人類身心靈平安的功能。儘管由於歷史和地理的區隔發展，每個地區會順應著自己的客觀條件和文化，發展出不同的信仰內涵，由此形成今日的各大宗教。然而這些宗教，都提供了符合當時代地區人們需要的精神力量，同時也由此創造、匯集或分配各項物質資源，成為人類生活中重要的穩定與發展力量。儘管在這個過程中，宗教彼此會因為不同的信仰內涵而延伸出各種對立衝突，但是那是特殊時代背景下的產物，而不是宗教之間必然存在的矛盾或對立。

宗教是一個人類信仰的依託，它的使命與責任是讓全人類能夠因為信仰而過得更好，讓人們在世俗與神聖之中，能夠找到一個可以服務生命、奉獻生命、圓滿生命的角落，讓他們的生活與生命，因為宗教而有了方向與意義，讓人與人之間因為宗教而產生了聯繫，成為一個大的信仰共同體，合力來

面對、解決各種發生在我們身邊的各種苦難或挫折。

宗教的社會認同與社會責任是相對的，我覺得在這個時代，宗教至少要有三個責任：一、是要盡力關懷和消除各種人類的苦難，這可以通過慈善救助以及社會實踐的方式來達成；二、是提升人類整體的靈性和道德觀念，讓人心能夠寧靜和諧並且充滿愛與良善，這必須通過生命教育來進行扎根與深化；三、是宗教之間相互合作共榮，讓宗教成為人類平安、地球和諧的重要推動力量，而不是衝突對立的根源。

在面對人類的苦難上面，當代的宗教界其實已經有相當不錯的成果。如同過去許多教會興建醫院，成立慈善組織，臺灣的佛教界如慈濟功德會、佛光山、還有我們靈鷲山也都積極參與國際性的慈善救助活動，除了災難救援外，也積極投入蓋醫院、學校、以

及生命關懷與照護等公益事業。教育、濟貧、慈善、醫療，不分時空，都是需要宗教長遠地關護與精神的引領。我們希望能號召各位宗教界的好朋友們一起來參與和響應。宗教投入慈善的意義，在於物質和精神的雙重照護，因為這樣不只滿足物質或肉體上的需要，也撫慰了苦難者的心靈。

另外，當前苦難的根源，不管是天災或是人禍，都與人心有著密不可分的關係。人心的種種負面思考轉化成行動的結果，讓各種悲劇不斷循環發生。無論是戰爭或是環境破壞，都來自人心的貪欲與瞋恨。因此，通過生命教育來提升人類整體的靈性和道德觀念，讓人心能夠寧靜和諧，是宗教當然的承擔。

眾所周知，我所創辦世界宗教博物館，一直以來提供大眾一個認識和體驗宗教的平臺，這些年來，更積極推廣整體的生命教育，從最基礎的生命關懷和援助，到對一般社會大眾的靈性教育。都是希望藉由宗教的善與愛，讓民眾能夠從心出發，在傾聽和謙卑中去感受到生命的價值與意義。因此，世界宗教博物館以「尊重、包容、博愛」作為立館理念，就是希望大家都能夠從「心」出發，培養寧靜的心，全然的觀察力，調柔自心，真正認識自己，來領受整體生命的共同理念。

另外，適應著時代的轉變，宗教中的修學方法，也可以轉化成用來協助一般大眾學習安心的方法。我從禪修出來，以一份寧靜的和諧，以禪來作為修心的法門。就我個人多年來的修行經驗，禪修能夠安定、寧靜我們的心，使我們了悟到自性心源的自在光明，就是直指真心而到達靈性的本質，是真心靈性的本有光明。禪的開悟就是生命共同體的境界，這個境界就是人類地球美好的呈現。所以，在這個境界裡，不分別宗教，不分種族、你我，是一種平等祥和的世界。

然而，禪修方法對很多人來講有點困難，所以，在最近這一兩年來，我推廣較為簡易的「一分禪」，透過「深呼吸、合掌、放鬆、寧靜下來、讓心回到原點」這五個步驟的引導，幫助我們整個人從內到外都能夠平靜下來，讓身心都能夠得到和平，讓心能夠回到原點。這個「一分禪」的方法非常簡單，又是純粹的安心法門，任何宗教信仰的朋友都可以一起來進行。

最後要談到宗教的合作共榮，很多人會問，我為什麼長期推動回佛對談，來作為進行宗教對話與交流合作的重點？我都這樣回答：「或許有不少人對伊斯蘭教持有一些偏見或誤會，然而，就我個人的實際接觸經驗，許多伊斯蘭教的兄弟，都是熱心助人與愛好和平的好朋友。」透過伊斯蘭教和佛教的對談與交流，共同討論、面對人類的問題，是一種良好的交流與合作方式，而這在其他宗教之間自然也適用。這種交流與合作，將成為我們宗教界無可

↓心道師父於對談閉幕時帶領全體與會人員進行禪修。

迴避的責任與使命。

宗教是創造人類幸福的天堂，而不是製造苦難的地獄，愛地球、愛和平是我們共同的願望，也必將轉化出我們共同的成就與成果。最後，盼望地球能夠成為真正的平安家園，當下的塵世能夠轉化為真正的現世天堂。

感恩大家！

柒月
July

印尼雅加達觀音祈福法會
心道師父開示 持十心與觀音相應

靈鷲山佛教教團於印尼雅加達南海觀音寺啟建「千手千眼大悲觀音祈福消災法會」，並恭請心道師父主法。南海觀音寺是由在家眾所管理的寺廟，2011年師父前往印尼弘法時，在當地弟子的接引之下，與南海觀音寺的理事們結緣。此次在觀音菩薩的因緣以及當地信眾求法心切的助緣之下，師父親往主持「觀音法門共修」，讓大眾能夠修持觀音法門，隨念觀音菩薩的護佑。

師父於法會對大眾開示，我們在持誦〈大悲咒〉的時候，要存有十種心，用這十種心，來淨化並改正自己，有了這十種心，才會跟觀音菩薩相應。這十種心分別為「大慈悲心」、「平等心」、「無為心」、「無染著心」、「空觀心」、「恭敬心」、「卑下心」、「無雜亂心」、「無見取心」與「無上菩提心」。心道師父期許大眾在生活中保持正面，放得下、看得開，用尊敬、誠懇的態度對待一切人事物，最後並且發起上成佛道，下化眾生的菩提心。

↑心道師父帶領大眾共修觀音法門，領受觀音菩薩的護念加持。

禪修 朝聖 法會 生命關懷
靈鷲山八度獲宗教團體社會教化獎

↑靈鷲山佛教教團以推廣正信佛教為志，慈善服務廣及海內外，第八度榮獲新北市「社會教化」獎，是靈鷲山開山29年，邁入30年的最佳肯定與鼓勵。

靈鷲山無生道場第八度榮獲「興辦公益慈善及社會教化事業績優宗教團體獎」，由靈鷲山佛教基金會執行長常存法師代表出席領獎。

常存法師表示，靈鷲山佛教教團立「慈悲與禪」為宗風，以推廣正信佛教為志，慈善服務廣及海內外，遇有重大天災意外，立即啟動賑濟救援；長期主動關懷獨居老人的生活，並開設小菩薩班，照護弱勢家庭孩子的課後生活。靈鷲山開山住持心道師父以禪修、朝聖、法會、生命關懷等四大弘法志業為媒介，實踐「生活即福田，工作即修行」的生活禪理念，帶領大眾從內證能量驅動實踐利益眾生的佛化志業，成為現代佛門解行合一的行者。靈鷲山佛教教團長期推動寧靜一分禪、平安九分禪等生活禪修，以及實踐愛地球九大生活主張的全球寧靜運動，並積極推行生命教育，長期舉辦各式學佛營隊活動，透過寓教於樂的生命教育，培養專注力的禪修課程，感受學佛的自在，懂得慈悲與包容。2012年蟬連「社會教化獎」這項殊榮，是靈鷲山開山29年，2013年邁入30年的最佳肯定與鼓勵。

柒月 July

傳遞善風
說教有理—善書寶卷典藏特展

世界宗教博物館為慶祝十一周年館慶，呈現「愛與和平」的願景，特別從館內典藏的民間善書寶卷中，精選通俗易懂的經典之作，舉辦「說教有理－善書寶卷典藏特展」，作為2012年的年度大展。

展覽內容概分為三個主題展區：善書、鸞書與寶卷，分別以「善惡報應　廣積陰德」、「諸神降言　行善修道」與「教派林立　各有善法」作為關鍵語詞與概念，第四展區則介紹印書局松雲軒，展示其出品的善書，並介紹雕版印刷的工藝與書冊之美。

展廳內展出明清時代流傳至今的各類珍貴善書、寶卷，以及可立即線上全本瀏覽的電子書、歡迎觀眾翻閱的復刻人本善書；更將各類善書中的插圖製作成大型立體場景，讓觀眾彷彿走進時光機般，身歷其境品味古代信仰所傳遞的「善」知識。

「善書寶卷典藏特展」以佛家「種善因得善果，造惡業定有惡報」的概念為基礎，具體而微地呈現心道師父的願力，祈望地球平安、社會和諧。

↑參與式展示手法，以互動多媒體的方式，操作電腦來學習自製善書頁。

《說教有理》

《善書》

善書是明清以來台灣民間廣泛流傳的通俗讀物，對道德論理、庶民生活、宗教信仰、慈善服務、社會秩序以及出版事業等，各地區都產生了莫大的影響。善書的流通，仰仗著「善會」的成立，能深入人心，勸諭人心安住，藉由改變行為，改變命運，提供人們面對現實生活問題的信念，而善的行為與善心，人人皆可辦到，因至有改變命運的效果，讓人無法忽視善書所帶的影響。

出版
諸善奉行
心
善念

→跟著導覽員專心穿縫手札，
享受自製筆記手札的樂趣。

捌
月
August

靈鷲山觀音講座
傳遞觀音精神與行門

心道師父曾說：「水陸法會就是『生命大和解』。我們內心有許多煩惱、業障、冤債，當我們在超度的時候，內心就和解了。」

為使大眾能從更多面向瞭解並學習觀音的精神，2012年「觀音講座－水陸法會與觀音信仰」，特別邀請到吳永猛、陳清香與陳省身三位教授主講，現場並有靈鷲山首座了意法師等三位法師與談，和現場聽眾分享靈鷲山觀音法脈的傳承，以及心道師父修持觀音法門的行腳歷程。

了意法師就靈鷲山各時期所代表的觀音形象和與會者分享：「開山初期，無生道場僅有少數出家弟子，心道師父勉勵弟子們要效法觀音精神，承擔弘化責任。」；恆傳法師則請大眾一同發菩提心，為愛護地球和平努力；顯月法師則說明靈鷲山的觀音法門所講求的自他同度，也是在超度自己，讓修持的人起生願、阻滅因，讓心趨向法，法趨向道。

參與觀音講座的聽眾在聆聽完法師的分享後，無不感受到法喜充滿，主辦單位希望與會聽眾都能帶著「觀世音」精神回家，進而在日常生活中惜福造福，使心靈世界富足，為社會產生善的共振。

觀音講座—水陸法會與觀音信仰

講　　　　題	主講人	與談法師
講座一：不可思議觀世音-臺灣本土觀音信仰	吳永猛教授	恆傳法師
講座二：百千法相觀世音-水陸法會與觀音圖像	陳清香教授	了意法師
講座三：大千法門觀世音-瑜伽焰口與觀音法門	陳省身教授	顯月法師

←↓靈鷲山佛教教團於臺北講堂舉行「2012靈鷲山觀音講座」，邀請多位學者與靈鷲山法師介紹觀音信仰。

08/11

宗博文化生活館開幕
打造文化藝術靈靜空間

↑禮品部陳列宗博館典藏文物的複製品、各宗教代表性的紀念周邊及宗教圖書，讓參訪完的訪客，能珍藏宗博館的人文藝術之美。

世界宗教博物館為了讓大眾能在參觀館內豐富多元的文化資產的同時，也能擁抱宗教人文藝術的美好，特別打造宗博文化生活館，包括「停雲書苑」、「時雨齋茶館」及宗博禮品部，一處結合人文、生活、文化、藝術於一處的靈靜空間。

宗博館發展基金會執行長了意法師於文化生活館開幕致詞時表示，宗博文化生活館創立的緣起，來自於宗博館創辦人心道師父所說「當下生活需要信仰的力量」。因此把信仰融入生活，把文化、藝術帶入空間。

宗博文化生活館以「停雲書苑」為載體，提煉儒、釋、道文化的精粹，推出樂道、墨道、茶道、花道、香道等五「道」美力課程，以及「與大師有約」活動，邀請藝文界大師級人物和大眾面對面交流互動，讓人人皆能成為生活美學的實踐者，開展樂活人生。

↑宗博文化生活館以「停雲書苑」為載體，發展五「道」美力課程。

基隆中元祭蓮花燈祈福平安法會
祈願國泰民安 人心和諧

靈鷲山基隆講堂受邀參與於基隆海洋廣場啟建的「2012壬辰年基隆中元祭－蓮花燈祈福平安法會」的第一場法會，基隆講堂為法會注入心道師父所創的「寧靜一分禪」，並贈送到訪民眾寧靜手環，希望帶給大眾自在富足的心靈生活。蓮花燈祈福平安法會由靈鷲山法師主法啟建，並由基隆講堂每半小時帶領大眾一起做「寧靜一分禪」的健康手語，讓參與大眾深呼吸、合掌、放鬆，讓心回歸原點，藉由「吸入心寧靜，吐出口微笑」，讓大眾都能隨時隨地守住單純寧靜的心念。最後由靈鷲山法師及與會貴賓至基隆港港邊放蓮花水燈，祈願國泰民安、風調雨順，人心和諧安樂。

↑ 信眾手中施放的蓮燈，點燃空海，為無依的眾生指引解脫的方向。

捌月
August

和諧慈悲 地球平安
第十九屆靈鷲山水陸空大法會

本著「悲願、嚴謹、平等」的精神，2012年第十九屆靈鷲山水陸空大法會8月22日至29日於桃園巨蛋啟建，法會以「和諧慈悲 地球平安」為主題，從生命教育的角度，以水陸法會的安定力，凝聚眾人之願，為地球平安衷心祝禱。

2012年初春，心道師父帶領四眾弟子21日閉關，以超過132萬遍的〈大悲咒〉，將觀音的大悲心願迴向地球平安，也為第十九屆水陸空大法會揭開莊嚴序幕。

從8月22日靈鷲山水陸法會啟建灑淨開始，每天皆有來自全球海內外數以千計的佛弟子湧入法會現場。25日凌晨的內壇結界佛事，在光潔莊嚴的神聖壇城中，透過觀音菩薩大悲聖水的護念，讓與會善信學習以圓滿無礙的大悲心，走向成佛之路。27日傍晚幽冥戒啟壇，大眾藉著持戒修善，深心懺悔，做好生命的大和解。28日「愛心贊普」的頒贈儀式，則實踐了「普度」的真意，將所募集的愛心物資做更有效的分配，形成廣大的善愛循環，以守護臺灣，造福社會。29日，參與送聖儀式的虔誠信眾，錯落有致地圍繞在「靈鷲十九號」西方船旁，以清淨專注的觀想「一心念佛」，虔誠祈禱六道群靈藉著佛菩薩西方船的引領，順利往生西方。

唯有眾人皆能發起慈悲善念，人心才能和諧
慈悲，進一步達成地球平安的願景。

←淨良長老上堂說法、齋僧。

↑六道群靈藉著西方船的引領，順利往生西方。

←在藏傳佛教的教法中，金剛舞需經10年以上的訓練，方能在法會上參與表演。

↑打水陸七就是要把自己生命的「結」逐一解開，也幫助其他眾生放下冤結，在佛菩薩的加持下，解冤解業，達成生命的和解。

←「愛心贊普」是響應心道師父的悲智願行，以互助互愛的精神，讓社會充滿祥和瑞氣。

心道師父在水陸法會最後一場的送聖開示，特別感謝所有與會善信在法會中精進圓滿共修，並期勉大眾用堅定的道心克服自我的業力，以轉換為自己以及六親眷屬創造更美好的命運。八天七夜的「和諧慈悲 地球平安」水陸空大法會在送聖儀式後圓滿，也為2013年「水陸二十 靈鷲三十」開啟新頁，心道師父期許大眾延續菩薩願力，共同成就水陸二十週年。

值得一提的是，主辦單位為讓水陸功德主、信眾與義工在精進參加水陸法會佛事之餘，也有一個可以放鬆身心、歡喜自在的地方，特別設置了「福田地」，在福田地中規劃有各式攤位，推出水陸紀念商品、特色點心、蔬食、伴手禮，文創商品以及師父法寶。其中，靈鷲山出版中心特別於福田地現場，舉辦《印度朝聖－佛陀在否？》新書簽名會，心道師父親臨現場與讀者交流、簽書，接引更多善緣步上菩薩道，現場可見大批信眾排列長長人龍，心道師父一本一本親自為排隊的讀者簽書，一場簽書會不但書香四溢，更增添不少善妙法緣。

水陸先修法會

日 期	法 會 名 稱	地 點
100/11/20	2012年水陸法會第一場先修法會「藥師普佛暨三時繫念法會」	新北市三重區修德國小
01/07	圓滿施食暨第二場水陸先修	無生道場
03/18	圓滿施食暨第三場水陸先修	無生道場
05/20	圓滿施食暨第四場水陸先修	無生道場
06/17	圓滿施食暨第五場水陸先修	無生道場

水陸齋僧法會

日 期	法 會 名 稱	地 點
05/28	水陸第一場齋僧法會	無生道場
07/02	水陸第二場齋僧法會	無生道場
08/27	水陸第三場齋僧法會	桃園巨蛋體育館

08/29

師父水陸圓滿送聖開示
延續菩薩願力 一同邁向水陸二十

感恩大眾的護持！八天七夜，一眨眼，就在大家的精進用心下圓滿。今年，我們再度用信心克服了兩個颱風，相信大家在懺悔、觀想中，戰勝自己的業力，轉化六親眷屬的命運。水陸勝會，眾人身、口、意收攝在一心，將功德利益迴向給六道眾生，同時也回到我們原初的本來自性；圓滿了法事儀軌，也圓滿了諸位菩薩大德的慈悲願力。所以，大圓滿的供養，就是懺悔、反省與發願利益眾生。

水陸法會的精神，就是謙卑懺悔，真誠面對自己的缺失和不足，進而發菩提心，學習諸佛菩薩的精神，行使菩薩道。

今天上午圓滿供佛事，大家用謙卑的心，禮敬諸佛、懺悔業障，擺脫過去不好的記憶體的糾纏與牽絆，轉識成智，成就一場大圓滿的禮懺。這八天七夜，所有義工，都在禪修、拜佛，每天用心地精進，讓水陸佛事更殊勝、更圓滿。所以這八天七夜，我們法喜充滿，明年要召請更多已學佛、未學佛的人參與，讓這個水陸道場，成為接引未來佛的地方。這樣的功德，就是佛菩薩做的工作。

學習佛法，除了懺悔自己、懺悔自心，更重要的是發菩提心、行菩薩道。普賢十大願就是菩薩道行持的最好法門。每

年水陸法會，就是體現普賢十大願的佛國道場。大家仔細想想，水陸法會裡面是不是都在做普賢十大願，隨喜功德、禮敬諸佛、稱讚如來、普皆迴向、請佛住世等華嚴願力的實踐。例如：禮敬諸佛，在法會中大家相互尊敬、禮讓，把彼此都當做佛菩薩，這一點各位功德主、志工菩薩做得非常的好；又如：隨喜功德，就是依照自己的能力出錢出力，能夠做就盡量做，不能夠做就隨喜做；而大家在法會中聽聞佛法、相互學習，這就是常隨佛學。水陸法會這麼殊勝，結束後大家要常常禮敬、讚嘆水陸的功德，更要發願持續不間斷地護持，讓水陸法會一直辦下去，這就是請佛住世。大家要有願力，因為水陸法會能讓眾生學習很多的佛法、體會生命，就如同請佛住世、請轉法輪的願力實踐。只要水陸法會存在的一天，它就有請佛住世、請轉法輪的功德。

我們必須以觀世音菩薩的十心實踐普賢十大願。而什麼是「觀音十心」呢？就是慈悲心，

心道師父鼓勵大眾要做一個「不退轉菩薩」，每年都回來參加水陸法會。

對眾生要具足慈悲；平等心，不分高下、不分彼此；無為心，就是無做作、沒有虛偽的心；無染著心，用清淨的心，來做佛法的事情，不貪染財色、不分你我；空觀心，要遠離諸相地做；恭敬心，用恭敬的心彼此相依存；卑下心，彼此學習；無雜亂心，專心純淨地學習；無見取心，以不取相來安住其心，無見取心就是無所住心，「見諸相非相、即見如來」，就是無見取心，以及無上菩提心。我們要用這十

心升起善念、去除執著和分別，以清淨無染的心念，實踐成佛菩提大願，這是最圓滿的供養與迴向。

「送聖」是以〈大悲咒〉以及《心經》為主要誦持，希望大家在禪定中，與觀音菩薩無二無別、了知「聖」不離此心。送聖當下無有生滅、無有離去，就是圓明十方。水陸法會是觀音法門的落實，希望大家回去以後，要持續地懺悔、發願、行持觀音法門，這樣水陸精神，才會在日常生活中延續、實踐觀音菩薩的慈悲喜捨、四無量心。很多人常問：「水陸法會後我們要做什麼呢？水陸法會圓滿以後，是不是就休息一整年，等明年水陸的時候再來？」事實上，在水陸期間，懺悔、發願後，就要在生活中去實踐菩薩道，實踐觀音菩薩法門和普賢十大願。

靈鷲山水陸法會第十九年了。在邁入20年之際，期許大家延續今年功德願力，發願參

←圓滿送聖

與、續報2013的水陸，共同成就圓滿水陸二十周年。明年也是開山三十周年，一晃眼靈鷲山座落福隆已經30年了。一直以來盡心盡力地弘法利生，帶給大家寧靜和平的力量，希望明年周年慶，大家都可以回到靈鷲山，一起回顧、感受這30年歲月所寫下的成就、感動和驕傲。

大家回去後要好好想想，這30年來，對眾生的菩提心是否有退轉？對師父的志業是否清楚？是否明白我們共同的願景？我們自己也要反省，教團為社會做了些什麼？什麼地方應該改進？什麼地方應該更努力？

今年水陸法會，海外回來近600人。還沒有去靈鷲山的人一定要回去，還有世界宗教博物館也要記得去看看，那是我們的志業，很多理念都從那裡開發出來的。宗博是華嚴理念的呈現，也是普門示現。尤其是「尊重、包容、博愛」的精神和「愛與和平地球家」的願景，更是這個時代迫切需要的。佛教徒不只是有慈悲心，更要有大願力，愛和平、救地球，從心和平做起。

這次法會能夠功德圓滿，除了諸位菩薩大德這幾天辛辛苦苦的持誦護念，要特別感謝主法和尚以及內外壇所有的法師，也感謝來自各地的信眾、志工，大家的發心願力，共同成就水陸圓滿的善緣。靈鷲山就像一個大家庭，每年水陸法會是一年一度的大共修、大團結。我們共同來做，一起共同精進，讓我們的菩提心不退轉、道心不退轉，誓願成就佛道，實踐菩薩道。每年都要回來充電，發願、懺悔，然後圓滿學佛的功德。

希望大家明年一樣歡歡喜喜地報名、歡歡喜喜地參與。希望大家要好好精進，每年回來看看師父。平常在山上可能不容易看到，只有在水陸，師父天天在這裡跟大家一起生活，一起精進實踐菩薩道，任何的疑難雜症都可以冤消意解，能夠圓滿、精進地學佛。祝福大家，順心如意、身體健康、家庭圓滿、事業成功、心想事成！明年二十周年再見！

單國璽樞機主教安逝
心道師父悼念文 推崇大愛胸懷

第十九屆靈鷲山「水陸空大法會」外壇灑淨啟壇前，心道師父慟聞單國璽樞機主教安逝，即刻帶領大眾用最虔誠的心，每人一聲「南無阿彌陀佛」，獻上千聲佛號迴向給單國璽樞機主教，這位靈鷲山多年的老朋友回歸天主永懷，祝願他回到永恆的光明中。

單國璽樞機主教與心道師父彼此信仰不同，但是兩人對於人類愛與和平的關懷如出一轍，「意念清淨了，願力就能成就，這即是『事事無礙』的境界，如同世界宗教博物館的創建精神，就是心的種子和諧了，就種下世界宗教的種子也和諧的種子了。」天主教樞機主教單國璽永歸主懷，讓心道師父回憶起宗博館多年來與單主教所建立的深厚友誼，其最深層的情懷就是對「愛」與「和平教育」的共識與努力。而單主教這位聖者對人類所付出「愛與寬容」的精神，值得全球人類追隨景仰。心道師父多年來於國際間提倡「愛與和平地球家」，正是因為宗教的愛，可以推動地球平安。

↑2005年，心道師父與單國璽樞機主教(右)在法華洞分享寧靜，也暢談和平大愛的理念。

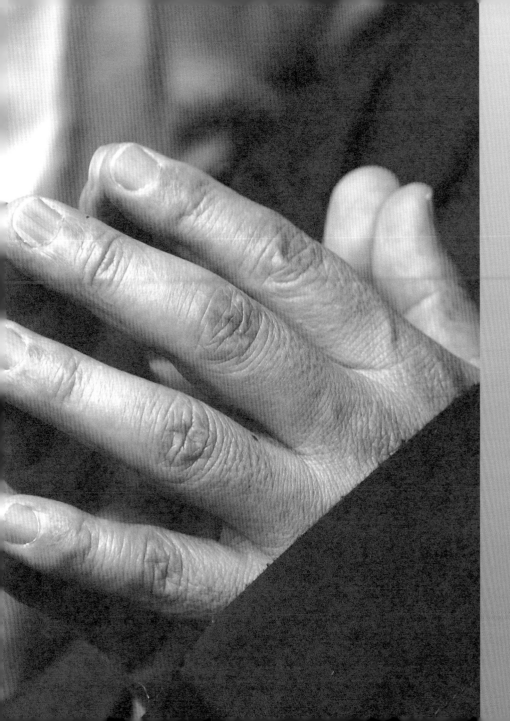

心道師父悼念單國璽主教全文

　　慟聞單國璽主教辭世，令人震驚不捨。

　　單主教是一位具有大慈悲、大願力、大德行的宗教家。他那信仰虔誠，寬容慈愛，處世待人謙和與懇切的身影，值得我們尊敬跟學習。單主教畢生為謀求世人之福祉而奔走，捨己忘身，推動宗教和諧、愛與和平的志業。近年來病痛之軀，仍為宣揚和平與為世人福利奔走不休，這種崇高的胸懷氣度和大愛精神，以及與各宗教間推心置腹的情誼，實乃吾輩之學習效法的榜樣。

　　哲人其萎，典範永存。這位偉大的聖者，我們惋惜他離去的同時，將繼續努力於共同追求的信念，持續不懈的推動愛與和平地球家的神聖使命。

釋心道 敬悼

玖

September

月

佛教在線參學團訪靈鷲山
心道師父勉作社會明燈

中國「佛教在線」文化教育參學團一行，在臺灣中華佛教居士會理事長陳聲漢、秘書長王艾的陪同下，參訪靈鷲山無生道場。

心道師父在開山聖殿前，就個人學佛的源由、籌建世界宗教博物館的緣起、無生道場的華嚴理念、靈鷲山修行弘法的特色以及對出家人住持正法的期許等面向，為參學團一行開示。師父表示，身為一位出家眾，要以身作則，成為眾生的標竿、社會的明燈，因此眾善奉行、諸惡莫作的觀念，要從自身做起，落實於生活中的每一個細節處。

參學團一行並在靈鷲山法師的帶領下參觀無生道場各處風光，也於觀海臺參研心道師父曾說的「浪有高有低，海水依舊是海水；生活有苦有樂，心依舊是心」的禪機。

↑身為出家眾，更要以身作則，成為眾生的標竿、社會的明燈。

大眾在開山聖殿前，聆聽心道師父開示，享受山海修行的滋味。

玖
September
月

體驗寧靜 祈求遍地圓滿吉祥
靈鷲山與永和社區舉辦中元普度

從2001年起，靈鷲山佛教教團與世界宗教博物館，每年皆與靈鷲山新北市分院所在地的東家創世紀大樓，以及附近捷和生活家社區居民，一同啟建中元普度法會。2012年特別於東家創世紀大樓住戶聯誼廳，舉辦寧靜一分禪體驗及寧靜故事

↑普度法會為社區帶來祥和安定，引導民眾從心找回自己。

分享，讓社區民眾了解寧靜手環的使用，使每個人皆能感受寧靜不外求，生活的智慧自己就有，以達成人人身心靈的平安。

參與法會的民眾皆以虔誠安定的心情禮敬諸佛，超薦地方無祀孤魂，以普施度化一切有情，祈求十方法界遍地圓滿吉祥。

心道師父說：「寧靜，是宇宙最大的能量。」靈鷲山佛教教團藉由圓滿社區中元普度法會，宣揚佛教的歡喜孝親月，以教化社會、穩定人心，用善心正法祈願天下無災、社會德厚民安。

靈鷲山佛教基金會與宗博館基金會
同獲績優宗教團體獎

世界宗教博物館發展基金會與靈鷲山佛教基金會因在慈善與社會教化的貢獻，雙雙在內政部舉辦的2012宗教團體表揚大會上接受表揚。其中，世界宗教博物館發展基金會更因連續10年獲獎，成為得到行政院專案獎勵的33個團體之一，由行政院院長陳冲親自頒獎，宗博基金會榮譽董事陳進財代表受獎。

靈鷲山開山住持心道師父常年以安定社會、富足人心為目標，致力於社會教化與生命教育等工作，並帶領靈鷲山佛教教團積極參與海內外各種利益眾生的慈善志業，如2011年日本311大地震、泰國世紀洪災；長期於緬甸鄉村興辦托嬰安親服務，

協助當地居民緊急救難、教育與社區服務等；舉辦普仁獎，以提倡品德優異；不定期舉辦各式佛學營活動，透過活動的實際參與，讓大眾了解慈悲與包容的精神。宗教是人心平靜的所在，給予整個社會安定的力量。世界宗教博物館發展基金會與靈鷲山佛教基金會10年來連續獲獎，象徵其在社會教化與慈善事業上的貢獻倍受肯定。

↑ 靈鷲山佛教基金會與宗博館基金會獲頒「2012年績優宗教團體獎」，並肯定宗博連續十年獲獎，成為行政院專案獎勵33個團體之一。

和諧・寧靜・心和平一

179

09/11~14

心道師父雲南弘法
憑弔遠征軍陣亡將士

↑唯有人們的心念祥和，才有真正的人間淨土可得。

應雲南佛教協會邀請，心道師父赴雲南騰沖參與「中國遠征軍陣亡將士追薦超度大法會」。法會前一天，心道師父先前往雲南佛學院，以「從本地風光到華嚴世界」為題演講，並教授禪修。心道師父期勉佛學院大眾：「有好的僧格養成，才有好的僧才住持正法，正法、正見鞏固才是佛教鞏固的根基。出家人作為人天師，是眾生依怙，應發大願心，把整個佛教學習實踐出來。」

心道師父幼時顛沛於雲南、緬甸等地，於戰火中成長的他，目睹戰爭摧毀家園與生命的殘酷，從此在心中種下追求和平的種子。而後在臺灣創辦靈鷲山佛教教團，立「慈悲」與「禪」為宗風，倡導「心和平，世界就和平」，並在全球推動

↑心道師父在雲南騰沖國殤墓園，憑弔遠征軍英靈。

心道師父（中）赴雲南騰沖來鳳寺參與「中國遠征軍陣亡將士追薦超度大法會」。

愛與和平地球家的理念。誠如心道師父所說，「唯有讓心回到原點、讓心回到和諧，才能找到安身立命的力量。」

心道師父曾於2011年應中國佛教協會副會長刀述仁之邀，前往雲南參加「忠魂歸國」紀念活動，當時心道師父即建議啟建水陸法會，為昔日戰地開啟平安祥和的磁場。此次藉由兩岸佛教界共同舉辦的法會，讓為國壯烈犧牲的亡靈忠魂，安然回歸故鄉，圓滿了陣亡將士離苦、人民安樂、社會和諧、世界和平的祝禱。

武漢報祖寺本樂長老訪山
勉眾放下我執成就道業

現年96歲的中國湖北武漢報祖寺方丈本樂長老，在四眾弟子的陪同下，拜訪靈鷲山無生道場。

本樂長老與當代高僧本煥長老同於湖北新洲報恩寺剃度，為師兄弟；後從學於近代佛教思想家太虛大師，為大師開設之武昌佛學院最後一屆學生，亦受本煥長老印可為禪宗臨濟法脈第四十五代法嗣。

長老領著四眾弟子，由大殿一路步行參觀至觀海臺，始終精神奕奕、步伐飛揚。臨行前，他叮囑大眾，「修行的人，心要像太平洋一樣；佛性沒有面貌，要放下人我是非，沒有了自我，心量自然寬廣。」本樂長老一行人在靈鷲山的行程時間雖短，卻為靈鷲山的僧眾們留下滿滿法喜。

↑本樂老和尚（前排中）年逾90，仍步履輕健。

宣揚生命大愛精神
「全球熱愛生命獎」得主參訪宗博

↑2012年全球熱愛生命獎章得主大合照。

周大觀文教基金會暨第十五屆全球熱愛生命獎得主－澳洲「全盲冒險家」傑拉德‧葛森斯（Gerrard Gosens）、荷蘭「動物救星」格立斯‧彼得（Chris Peter）、尼泊爾腦麻女作家吉邁兒（Jhamak Kumari Ghimire）、大陸「災魔救星」傅春勝、大陸「無腿媽媽」宋雅靜及親友等人，參觀以「尊重、包容、博愛」精神推廣生命教育的世界宗教博物館；周大觀文教基金會並捐贈《生命方舟－動物救星格立斯 彼得的傳奇故事》共4套生命圖書1,300冊予宗博館義賣，做為推動生命教育的基金，傳揚生命大愛。

「動物救星」格立斯，3歲罹患重度小兒麻痺，但是他跨越重度肢障的限制，推廣全球保育不遺餘力。當他於宗博館生命覺醒區，看到影片中靈長類動物學家，同時也是和平大使珍‧古德博士（Dr. Jane Goodall）分享自己觀察黑猩猩在叢林的行為而受到震撼的生命經驗，讓他深受感動與啟發。

如同宗博館創辦人心道師父所說：「昇華生命價值，才能讓生命安住」，希望來到宗博館的朋友，都能夠從參觀中理解不同宗教的核心價值，體悟人權與生命的關懷。

09/19~23

Fetzer Institute 國際會議
師父領眾體驗一分鐘平安禪

←心道師父於天主教聖地聖方
濟閉關處暨圓寂處觀想。

心道師父受邀參與Fetzer Institute基金會於義大利Assisi舉辦的「全球大會：愛與寬恕的朝聖」會議，來自全球各界500位領袖，在會議中分享並省思愛與寬恕的典範、學習如何轉變世界、擬定工作的拓展計畫，並號召他人加入。

Fetzer基金會成立的目的是「愛與寬恕」－在不同範疇中實際推動愛與寬恕，包含醫療、教育、人文、企業、宗教、科學等領域。2012年2月，心道師父至美國聖母大學（Notre Dame university）發表「轉換自我與世界：一個佛教徒的靈性故

事」演講，便是應Fetzer基金會所邀。

心道師父以貴賓身分出席第一場「世界宗教與靈性」會議，大會介紹其修行歷程與創建世界宗教博物館的理念；最後一天的閉幕典禮，再次受邀上臺祝禱，並帶領與會大眾體驗「一分鐘平安禪」。心道師父表示，「Assisi全球大會在天主教聖地聖方濟城舉行。聖方濟是一位苦行開悟的聖人，整個城鎮的磁場相當好，讓Assisi全球大會在這麼充滿正面積極的能量的地方舉辦會議，為地球祈禱平安，是個很好的緣起。」

↑心道師父以「愛與寬恕」墨寶相贈，慶祝Fetzer基金會五十周年。

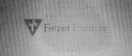

閉幕典禮上，心道師父帶領與會大眾體驗「一分鐘平安禪」。

09/28

↓果碩仁波切(右)讚賞心道師父,在紛擾的世代
為佛教團結及世界和平所做的努力。

果碩仁波切參訪靈鷲山
感佩心道師父和平理念

格魯派前色拉寺暨下密院住持果碩仁波切,帶領全臺格魯派北、中、南區中心道場負責法師,前來靈鷲山參訪。

格魯派第五世果碩仁波切,是格魯派的大成就者轉世,曾擔任吉祥下密院喇嘛翁則,以及堪布主持等職位。仁波切在卸任之時,便取得「甘丹赤巴」(意即:甘丹法座持有者)的資格,同時也被任命為印度色拉寺色拉昧院方丈,並展開全球弘法之旅。

心道師父與果碩仁波切結緣於弟子對心道師父長久住世的祈請,懇請仁波切為心道師父修法祈福。仁波切感受到弟子們誠摯的祈請,慈悲應允並親自主法,同時指示色拉昧寺全體僧眾共修藥師佛儀軌,迴向心道師父法體康泰。

於此殊勝緣起,仁波切在弟子的安排下,前來靈鷲山與心道師父會面。仁波切感佩心道師父為佛教團結及世界和平所做的努力,心道師父對此表示,「密乘、大乘以及原始佛教,都是釋迦佛留給我們的財產,我們要保護、推廣,不能分別。今日地球多災難,唯有宗教的愛才能夠救苦救難,所以不但佛教要團結,各宗教也要互相團結。」

《停心》簽書會
心道師父分享寧靜禪修

↑信眾合十恭請心道師父簽名，並把握機會向師父請法。
↓心道師父於簽書會前帶領現場來賓體驗一分禪。

繼2011年心道師父發行暢銷書《聞盡》之後，在2012年秋天再推出最符合時代需要的心靈之書和禪修力作《停心》。為了與大眾分享這一帖停心良方，特別於靈鷲山臺北講堂與臺南分院舉辦「停心禪修簽書會」，與大眾分享與體驗寧靜禪修。

心道師父早年堅持頭陀苦行，多年實修不曾間斷，而「寂靜修」即為心道師父主要的修持法門，《停心》一書是心道師父將真實修行體驗，形諸文字的代表，內容從呼吸法介紹止觀，並談到許多修行上會遇到的問題。

心道師父開示說：「靈鷲山一路以來所做的事情，對社會而言就像是一帖心靈良藥，讓社會和諧、人人健康，帶動出引起一股良性的循環，讓大眾學習生命如何奉獻生命、服務生命，找到生命的歸宿。」心道師父期許大眾在生命的旅途中，都能夠找到一位信仰伴侶，守護彼此的健康與快樂。

禪修簽書會

	日期	地點
場次一	09/29	臺北講堂
場次二	10/21	臺南分院

和諧・寧靜・心和平

拾
月

October

↑從行禪中放下壓力、放下執著。

10/03~05

享受生活 品味靈性
師父江蘇無錫禪修傳法

心道師父於2009年受邀參與江蘇無錫的世界佛教論壇時，因緣際會結識了許多的護法善信。2012年，心道師父再次應廣大信眾的邀請，回到江蘇無錫傳授禪修課程，分享禪的生活文化。

近年來，大陸經濟快速發展，許多人在獲得了物質生活的滿足後，開始探索內在的靈性生活。針對靈性生活的需求，心道師父開示道，「我們的心念如渾水般紛亂雜沓，透過禪修可以讓心靈寧靜下來，讓渾水慢慢澄清，沉澱心中紛亂的思緒，讓每個人自性的光明都能夠逐漸呈現。」藉由禪修讓我們提昇靈性的品質、品嘗靈性的快樂，也是生命中最享受的生活。

心道師父同時也提到：「禪不是神秘的事情，也不是複雜的事情；禪，是簡單樸實的生活，越簡單越能體會到單純的快樂。禪，是真善美的生活，是回歸本來、回到最原始的自己，是最安穩、最自在、圓滿具足、不需外求的生命。」儒釋道本來就是中國文化的核心，在歷史的轉輪中，完整地保留在臺灣，而現在正是我們可以把這份文化的涵養帶回中國的時機，讓美好的中國傳統文化得以再度弘宣發揚。

首屆上海外灘論壇
心道師父傳授禪修法門

心道師父受邀前往上海參加由上海新滬商聯合會、復旦大學經濟學系、交通大學高級金融學院等聯合發起與主辦的首屆外灘論壇——「點剎：中國經濟下行解困之策」。論壇從商業與學術兩個不同的角度，深入討論及分析中國經濟現狀與未來發展。

現今中國經濟正步入新的調整點，企業家們在物質生活獲得了滿足之後，亟需瞭解如何調整自己的腳步與方向，來安定自己的心；因此，主辦單位特別邀請心道師父在論壇結束之前，傳授與會大眾禪修的方法。

面對企業家們「當企業與個人生存上面臨壓力時，如何定心？」的問題時，心道師父回應道：「我每天的生活並不比大家輕鬆、壓力不會比大家少，但是都以『平常心』盡心盡力地做好該做的事；『平常心』就是樸實、簡單、寧靜地去處理很多事情，這也就是禪的道理。此外，若企業的每一位員工都能保有積極、正面、樂觀、愛心的生活態度，那麼企業就會為社會創造出現世的天堂。」

↑心道師父鼓勵企業家們以「寧靜、樸實、簡單」的平常心面對各種事情與壓力。

和諧‧寧靜‧心和平

師父於上海外灘論壇傳法開示
禪是永恆、智慧、慈悲的體現

師父：現代社會需要一顆寧靜的心來處理複雜的事情。我們的人際關係複雜、工作壓力大，加上龐大、多元的資訊變化無常，使得我們做決策時，壓力也很大；加上對於末世的恐懼，也造成大家的一種心理負擔。今天跟大家分享如何運用禪回到我們的原點，讓我們在面對任何負擔時，都能獲得和諧、安定。

什麼是禪？禪就是無牽掛的平常心，明白因果，過著負責任、慈愛和諧與環保愛地球的生活。禪能提昇我們靈性的高度，及我們的文化涵養；禪若做得好，則能使我們擁有平和的心，放慢腳步，內心收攝內斂。因為大家都是企業界人士，一定也希望公司有更好的企業管理、情緒管理；而禪就是一種情緒管理，透過管理情緒，我們能夠達到公司的目標。而且禪是我們的文化，我們可從這裡讓每個人都能學習到這份的「心和平、世界就和平；心平安、世界就平安」的理念。

藉由禪的推動，我們通過在學校與社會上教導人們坐禪調息，使人們能藉此消弭內心躁動，回歸寧靜和諧的狀態，轉換世界衝突為和諧。透過覺知我們的呼吸，

將注意力放在自我靈覺心上，觀照自身出入息，讓呼吸順暢、平和，達到心、息相依，使內心寧靜下來。由於平常我們的心易隨現象變化起心動念，心隨物轉；因此希望透過專注在呼吸出入息上，使心更敏銳於自身的靈性、靈覺上的方法，讓內心呈現寧靜、安祥、寬廣狀態，清楚覺知、觀照我們的呼吸，聆聽寂靜之聲，沉靜下來。

呼吸是生命的力量，也是開啟我們生命潛能、潛力之鑰，若我們的心、息能合一，把一切的罣礙、想法放下，聆聽一切寂靜無聲之聲，則可成就觀世音菩薩的耳根圓通法門，把妄念想法通通去除，從有聲聽到無聲，使內心寂靜，心念不住於有無、動靜之間，破除我執，進入「生滅既滅，寂滅現前」的涅槃境界，回到不生不滅的本來面目。

我們習禪有三個目標與中心：第一是要找回永恆生命的本來面目；第二是能夠產生沒有障礙的智慧；第三為找到生命的意義跟方向，不管做任何行業，都要用愛心與慈悲。禪就是永恆、智慧、慈悲的體現，所以我們要常常聆聽寂靜的聲音，放下身心，放下一切罣礙、執著。下面跟大家來做個互動，大家有什麼問題或想法可以舉手發問。

問：我讀了印度著名心靈老師克里希那穆提（Jiddu Krishnamurti）的書，裡面提到解散一切宗教，請問從您的角度來說，您怎麼理解他這個作為？

師父：世間萬物的道理是可相通，比如說一間公司要有遠景、目標，才能產生組織，禪修也一樣。我們可將宗教比喻為公司，禪修就

和諧・寧靜・心和平一

是為了提昇、圓滿靈性平臺這一願景所運用的策略，就好像最近我到德國、美國芝加哥，還有這一次到義大利阿西西島（Assisi）參加費瑟基金會（Fetzer Institue）舉辦的「全球大會：愛與寬恕的朝聖」國際會議，我都在當地教導禪修，雖然他們都是信仰基督宗教，但是對於禪修並不排斥，反而十分感興趣，可見禪與宗教派別並無密切關係。所以，禪可被視為是一種心靈的食糧，不拘於宗教的分別，每個人都能學習禪修。禪既可達到宗教的目的，也可以增進團隊的互動跟精神力，所以它是超越宗教、超越團隊的一種方法。

問：在禪的世界裡面，愛究竟是什麼？

師父：每一個宗教的目的就是如何達到愛，比如說基督教從祈禱裡面讓心跟愛相結合，伊斯蘭教的禮拜阿拉也一樣，都有穩定身心，讓身心和諧安定的作用存在。其實，這也是一種禪。

我們說禪是什麼？禪就是為了要找回自我的靈性。什麼是靈性呢？靈性就是愛。我們身處物質世界，大家都被物化，找不回本有靈性，使良知越來越缺乏，生活過得很機械化，唯有回到靈性，找回靈性、找到大愛，才能使生活有個依靠、目標；而禪能夠找回靈性，沒有界限、不分別你我，真誠跟喜悅地活出自己。

問：您提到從禪幫助我們進入自身圓滿，請您講一下愛和圓滿之間，您對於圓滿的感觸？

師父：所謂的圓滿就是平等，如果沒有平等，愛就不圓滿，如何讓你的愛是平等、普遍、不褪色的，就是要擁有聖人的愛，因為聖人的愛是沒有分別的。例如這一次我到了阿西西的聖方濟大教堂，一進去，就覺得那裡磁場非常好，像我們禪宗祖庭的磁場一樣，所以我向祂拜三拜，神父們一看，心想：和尚也拜我們的聖徒，內心歡喜得不得了。其實聖人都是一樣的！祂們要給人們的，就是那份愛。你看聖方濟影響整個西方多少人、救了多少心，祂不屬於任何一個宗教，祂那圓滿、平等的愛是

我們學習的榜樣。我就是用這種角度來看待聖方濟。

所以，圓滿就是不分彼此。愛如果自私，就會有很多阻礙。企業界若以無私的愛面對整個世界，則企業界就是建立天堂之地。如同前年我在印度拉達克（Ladakh）舉辦回佛對談時所說：「宗教是什麼？宗教是要創造天堂，而不是創造地獄，如果宗教創造一堆衝突給人民，不就失去宗教的意義了嗎？」所以如果我們每一個地方都能創造天堂，我們就不用到極樂世界，因為這裡就是極樂世界。

問：大師您能不能用禪的方式，給我們一個最簡單、明瞭的方法，說明如何運用佛法度人觀念來管理員工？

師父：我常給我的弟子四個觀念：積極不消極、樂觀不悲觀、正面不負面、愛心，如果大家都能做到，這就是天堂。當每一個職工都能這樣做的時候，我想這個公司就是非常健康的，所以要有這樣的觀念。

問：我們每天必須要為企業、個人與家人的生存，承擔很多壓力，我曾想要靜坐，讓自己的心安定下來，但是做不到，請問大師如何定心？

師父：平常心。比如說，我現在的工作，接觸形形色色的人都不會比你少，壓力也不比你小，但是我仍將該做的事做完，並且盡心盡力將事情做好，這是因為我天天用樸實簡單的平常心來面對任何事情，時常保持寧靜、平常、樸實的心態處理事情是很重要的。

問：您剛才所說的禪和禪宗慧能大師的禪，是一回事還是二回事呢？

師父：是一回事。只是有入世跟出世二種說法；我剛講的是入世法，出世的話，禪是不立文字，那就什麼都不用說，所以都是同一回事。禪就是大愛，我們要讓佛光遍照一切處，讓一切處都是禪，所以只要是禪，沒有說我在哪裡、不在哪裡；禪哪裡都在，也哪裡都不在。

兩岸觀音法脈文化交流
願慈悲與智慧普照人間

浙江省舟山市臺辦主任張欣南等一行參訪靈鷲山無生道場，並就2013年靈鷲山多羅觀音奉安普陀山等兩岸宗教文化交流事宜，與心道師父交換意見。

↑舟山市臺辦參訪團致贈心道師父禮物，並相約
2013年於普陀山再相會。

普陀山第一大寺普濟寺主祀的「毗盧觀音」已於2011年奉安於靈鷲山，牽起了靈鷲山與普陀山的善德因緣；而兩地觀音道場的合作，亦共同締造了兩岸宗教文化交流的里程碑。心道師父表示，「期待2013年靈鷲山最具代表的『多羅觀音』到普陀山奉安順利圓滿；也期望兩岸持續交流合作，共創和諧互助的關係，一起為世界和平而努力。」

雙方並期許2013年多羅觀音能圓滿奉安於普陀山梵音洞，讓觀音的甘露法水護佑兩岸人民，擁有更多觀音菩薩慈悲與智慧的能量。

基金陽金淡金公路超度法會
為北海岸添平安

↓基隆地區護法善信尊奉師父的祈願，2012年再度啟建「基金陽金淡金公路祈安超度大法會」。

靈鷲山佛教教團啟建公路超薦法會的歷史，可追溯至萬金、三芝兩分會針對當時因為「淡基、陽金公路」常有重大事故發生，而在1994年6月12日於臺北縣金山鄉啟建的第一場「基金、淡金、陽金公路超度大法會」開始，至2004年起分別在基隆、福隆等地啟建公路超度法會，其後擴大為「陸海二路」、「陸、海、鐵三路」等超度法會；2004年以後，公路超度法會容納到聖山寺春、秋二季超薦法會中聯合啟建，而成為東北角地方年度的盛事；此次再度回到新北市金山區由基隆講堂啟建「基金陽金淡金公路祈安超度大法會」，別具歷史的意義。

本次法會主要以誦念《地藏經》與「三大士焰口」儀軌為主，祈願往生者能夠減輕業障，速得解脫；除此之外，更安排了供燈、義剪、義醫等活動，為熱鬧的金山老街增添了不少平安氣息。在重陽節的前夕，金山、萬里兩地的耆老們與大眾參加了一場別具意義的法會，度過一個溫馨的敬老節。

和諧・寧靜・心和平一

197

10/22～23

心道師父壽辰
祈願三乘法脈傳承永固

↑靈鷲山文化走廊特別展出「上師百供特展」，恭賀心道師父壽辰。

壬辰秋分，欣逢心道師父壽辰，四眾弟子於23日子時，向心道師父頂禮拜壽，祈願上師長久住世，福壽綿延，廣度輪迴無盡眾，更希冀將此功德普皆迴向有情眾生，祈願三乘法脈傳承永固，法教長興，聖山恆住。祝壽法會在大眾朗朗齊誦〈上師祈請文〉以及師父的慈悲開示下揭開序幕。

心道師父對弟子開示：「我們為了生而慶祝，一旦碰到死的時候往往就會不知所措。所以，我們活的時候要自在，死的時候也要自在。如何自在？就要找回我們的本來面目、找回我們的本性、找回我們心的光明。找回來了，我們才能夠安心，生死才能夠解脫自在。」並勉勵四眾弟子要學習觀音菩薩，發起菩提心，持〈大悲咒〉來鞏固學佛之心，開啟智慧達到成就

↑心道師父切下蛋糕的時候，祝願眾生斷一切惡，修一切善，度一切眾生。

↓心道師父勉勵弟子們依教奉行，用佛法點燃生命的價值。

↓從凌晨四點到天色漸亮的齋天法會中，弟子們齊心祝禱心道師父長壽住世。

之門，了脫心中束縛與罣礙，擺脫無明煩惱。

　　23日凌晨四點，天微光，雲來集，燈火通明的靈鷲山無生道場啟建了「供佛齋天法會」，四眾弟子以法為禮回饋師恩。靈鷲聖山隨處結祥雲，清晨的靈鷲山景宛若聖山聖境一般引人入勝，燈燈相續，心心相印，法法相傳，供佛齋天法會就在莊嚴寂靜中吉祥圓滿。

　　除此之外，無生道場文化走廊呈現了「上師百供特展」，作為獻給師父壽誕的供養。特展以十大項與師父相關的特殊人事物，如：影響師父的十位上師、師父的十個跨宗教好友…等等，共匯集百種，讓大眾以不同的角度，認識、發現，並親近師父。

↑四眾弟子齊聚靈鷲山為心道師父慶賀65歲壽誕。

10/25~28

愛與和平傳揚大馬
師父勉眾發菩提心　行菩薩道

↑心道師父於法會歡喜為信眾加持。

↑上千信眾虔誠請法，莊嚴壇城圓滿攝心。

馬來西亞佛學會的護法善信，深感法緣殊勝難得，發願傳承心道師父修持的觀音法門，接引更多大眾學佛，自2009年起，每年均啟建「觀音薈供消災祈福大法會」，祈願傳遞愛與和平到大馬每個角落。

2012年10月，心道師父親臨馬來西亞吉隆坡馬華大廈三春講堂（Wisma MCA, Jalan Ampang, KL），主法第三屆「觀音薈供消災祈福大法會」，超過1,500名來自各地的信眾，虔誠攝心同霑法益、恭敬歡喜地領受上師法教。

心道師父開示，「學佛就是要學慈悲，

慈悲就是服務，在奉獻的過程中縱有歧見，亦藉著佛、法、心的力量，如實溝通，圓滿成就。」師父並鼓勵四眾弟子要時時發起菩提心，行菩薩道，讓服務力、行動力遍植生命的福田。

在法會前兩天，心道師父亦於吉隆坡講堂與馬來西亞青年團相聚，並對青年們開示，「學佛最重要的就是學習三件事：第一，學習找到永恆的生命，學習找到自己，走向不輪迴的靈性生命；第二，學習沒有障礙的智慧；第三，學習慈悲一切，慈悲就是做最好的服務。」師父藉由以上三點來勉勵馬來西亞的青年們，找到自己生命的歸宿。

寂光寺地藏法會
迴向十方眾生離苦得樂

在菩薩的蓮花座前，虔誠的〈爐香讚〉梵唄聲中，揭開了兩年一度的寂光寺地藏法會。《地藏經》是一部釋迦牟尼佛稱揚地藏菩薩的經典，內容闡述地藏菩薩為救度母親，而發下救度眾生的大願。誦念《地藏經》的目的，在於迴向十方一切眾生，使其能夠離苦得樂、往生淨土。

佛前大供後，大良法師為信眾開示，「感謝大家來到師父早期修行的地方。一年兩次的法會，都是靈鷲山各講堂信眾一同成就圓滿，有因緣的具足和善良的心，才有這場殊勝的法會。」大良法師並勉勵大眾要對佛法有信心，跟隨祖師人德、上師精進修行，方能早證菩提。

透過法師開示佛法與大眾誦偈，憑藉佛菩薩的力量與大眾的心力，冥陽眾生均來此聽經聞法懺悔，受持三皈、禮佛拜懺、聞法受食，冥陽兩利。

↑禮誦《地藏經》能報恩孝親、拔濟眾生苦難、超薦祖先及冤親債主。

↑心道師父期許年輕的佛子們落實修行，擔任起弘揚佛法的大業。

10/31、11/02、11/04

中國文化思想交流行
師父論述全球化時代的中國禪

靈鷲山開山住持心道師父，於10月底展開河南、北京與香港的弘法行。首站應大陸河南佛學院副院長隆藏法師的邀請，前往河南桐柏的河南佛學院教授禪修。心道師父期許僧眾落實修行，發願傳承、弘揚佛法大業。心道師父說：「禪修是到達了生脫死的必經路線，而菩提心則是學佛一定要走的路，禪修和菩提心是一，不是二。有禪修才能發起長遠的慈悲心，有慈悲的願力，才不會沉滯於禪定當中。」

結束河南佛學院的禪修教學，心道師父轉往北京大學，參與由靈鷲山佛教教團、世界宗教博物館、國際非政府組織「愛與和平地球家」（GFLP）及北京大學哲學系、北京大學佛教研究中心所共同主辦的「儒釋道思想與當代生活的詮釋及實踐研討會」，於北京大學英傑會議中心舉行。靈鷲山開山和尚心道師父發表了開幕致詞，中國宗教研究中心張訓謀主

「儒釋道思想與當代生活的詮釋及實踐研討會」議程表

議程	內　容
開幕	主持人致詞與開幕介紹
專題演講	心道師父（世界宗教博物館創辦人） 講題：全球化時代下的中國禪
第一場座談：儒釋道經典思想與當代生活	王宗昱（北京大學哲學系教授） 講題：如何理解道家的清靜
	周學農（北京大學哲學系副教授） 講題：略述太虛法師的佛學人生觀
	陳清香（中國文化大學藝術研究所教授） 講題：從三教像的創作主題看儒釋道融合的美學
第二場座談：儒釋道思想中的生命關懷與當代實踐	朱良志（北京大學哲學系教授） 講題：八大山人的「涉事」 ——一個有關中國文人藝術與禪宗關係的個案研究
	林安梧（慈濟大學宗教與人文研究所教授兼所長） 講題：儒道佛三教對於二十一世紀文明可能的貢獻
	樓宇烈（北京大學哲學系教授） 講題：儒家經典的當代詮釋問題
閉幕	

←修行就是從戒定慧做起，達
到離苦得樂與明心見性。

任則代表國宗局王作安局長致辭，北京大學樓宇烈教授、王宗昱教授、李四龍教授、周學農副教授、朱良志教授、冀建中副教授、以及來自臺灣的中國文化大學陳清香教授、慈濟大學林安梧教授等出席研討會並作主題演講。

心道師父就「全球化時代下的中國禪」與大眾分享，指出「佛教從印度傳來中土，與儒家和道家融合成為具中國特色的佛教思想——中國禪。儒釋道三家的謙卑、尊重、含蓄、儒雅、氣節、大智、大慈悲、大無畏的活水源頭，深藏於中國人的生活態度之中。因此，可以歸納幾項禪的生活特色，也是禪在當代中國社會可以做出貢獻的地方：一、禪是了無牽掛的平常心，二、禪是明白因果負責任的生活，三、禪是普世慈愛的和諧生活，四、禪是環保愛地球的樸實生活。」

心道師父對「中國禪」的論述與如何實踐落實在生活上的作法，讓與會的學者們印象深刻。而在演講結束後，師父並帶領大眾進行「一分禪」，讓在場貴賓與聽眾親身感受「一分禪」的寧靜。

接著北京的論壇之後，心道師父應佛教界的大護法，也是師父精進實修的弟子——香港旭日集團董事長楊釗居士請法，為「觀音百供法會」主法。近十幾年來，楊釗居士不間斷地向心道師父請法，並曾經在2005年恭請心道師父與靈鷲山佛教教團，於香港啟建水陸空大法會，於2011年為江西百丈禪寺修建重光啟建數百年來首度水陸大齋勝會。心道師父於觀音百供法會圓滿開示中鼓勵大眾一同修持〈大悲咒〉，學習觀音菩薩的願力，利益眾生。

↑心道師父應楊釗居士（左）之邀，於香港旭日集團主法「觀音百供法會」。

師父於北大儒釋道研討會致詞
禪的實踐與社會貢獻

各位尊敬的北大老師與同學們，大家好！

很高興再度來北大，北大是一個領導人文思想，帶動時代潮流的研發學堂。這幾年我走遍了全世界，由於倡導宗教對話與生命關懷的因緣，發現全球化的資訊科技及消費文明，讓環境產生了危機，人心價值產生了混亂不安。而大陸飛躍的經濟發展也使得社會倫理及道德匱乏，這都造就了西方文明向東方的靈性科學取經。這樣的緣起也是我此行的用心。

今天為什麼要跟大家分享中國禪呢？因為當代最大的危機，就是心靈的嚴重旱災，造成生命的不安，而禪正是符合這個全球化時代的心靈良藥。

禪，能喚醒內在的靈性真機，開發出生命不可思議的能量。就像蘋果電腦創辦人賈伯斯（Steve Paul Jobs），他之所以能夠做為一個潮流創意的引領者，就是因為他年輕的時候到印度禪修一年，在這個過程中他體悟了萬事萬物最美、最有能量的，就是最精簡、最單純的呈現，後來這一套思想被稱為「極簡」精神。這也開創了新的手機時代。

從現代科學的角度來看，禪的修煉過程是可以用科學來檢證的。臺灣大學曾經針對氣功和禪修進行科學檢驗，發現禪修者在禪定時的腦波（阿法波），會有不同於

常人的減弱或增強，象徵頭腦清醒的程度和放鬆程度都超越一般人，可以增強細胞活力，或讓細胞得到充分休息。愛因斯坦（Albert Einstein）說：「沒有科學的宗教是盲目的」，而禪絕對是十分科學的。

禪從印度發展到中國演化成中國禪，印度禪重視沉思默照、深沉內斂；中國禪則是強調與日常生活結合，是充滿活力與生機的生活禪。之所以這樣，正是因為佛教與儒道兩家融合的結果。

儒家重視人與人的關係，因此形成了倫常秩序，讓一切關係運行有度；道教重視人與自然的關係，形成道家法天自然，自在逍遙的出世情懷。當佛教自印度傳入中國時，便在這樣的文化底蘊上，發展出屬於中國特色的佛教，拓展了中國對人、對自然的關懷，也發展出中國的禪文化。也因此，太虛大師說：「中國佛教的特質在禪。」

中國傳統文化其實很早就已經蘊含了禪的精神。《易經》說：「天下同歸而殊途，一致而百慮。」有容乃大、和而不同，是中國文化

精神的深刻底蘊，表現出中國濃厚的和諧以及多元的人文精神。這與禪的彈性、不僵化是一致的。而儒家宗聖曾子在《大學》中說：「大學之道，在明明德，在親民，在止於至善。知止而後有定，定而後能靜，靜而後能安，安而後能慮，慮而後能得。」這是指在認識到至善作為終極真理後，就要通過讓心穩定、沉澱、安住等步驟，讓心寧靜下來，然後才能夠慎思篤行，去和真理契合，就如同禪修的人從定中安心，不起妄念，而後能觀照產生妙觀察力，智慧開顯而能發菩提心獲得究竟安樂。

再如道家《老子》所說的「致虛極，守靜篤，萬物並作，吾以觀復。」，就是要人先回歸自心內在寂然的本質，守住內心不要放逸，由此來洞澈世間的一切，《太上清靜經》也提到「人能常清靜，天地悉皆歸。」要人時時保持自性清淨，將萬事萬物都能納入本性中而自在解脫，也從禪修當中讓人回歸自性清淨光明，並由此觀照萬物而不被困住是相同的；這些都是儒道兩家思想與禪契合之處。所以，在印度禪還沒有來到中國之前，禪的精神便已經深植在中國文化中。

佛教從印度傳來中土，與儒家和道家融合成最具中國特色的佛教思想就是中國禪。在歷史發展過程中，中國禪又進一步開展於中國本土思想，像是王陽明的「格物致知」學說，即是通過不斷的反覆思辯和實踐的「格物」，以達到讓事物的真相顯現出來的「致良知」，這就如同禪通過離相的方式，或是參話頭的疑情作用，讓人不斷的向內追尋而找到自己的覺性一樣，都可以視為是禪精神的表現。

儒家的修身治世，道家的無為自然，佛家的諸惡莫作、自淨其意，它的根本都在「禪」的實踐，也是道德倫理的最高表現，更是當今社會的需求。

相較於日本禪的偏重形式與僵化，或是印度禪的強調默照的如來禪，中國禪是活潑的、充滿生命力而且與日常生活緊密相連，並且被呈現在日常的食衣住行中，像是插花、繪畫、書法、建築　等等。被稱為「詩畫雙絕」的唐代詩人王維，就是受禪宗「無念　宗」的影響，而偏愛表現空寂、幽深的意境；禪的自在解脫更是官場上失意的一帖良藥，例如：宋代

大文學家蘇東坡和他弟弟蘇轍被貶官時，就用「目斷家山空記路，手披禪冊漸忘情」來表達轉換心境的紓壓方式。

禪必須從實際的實踐才能夠彰顯出它真實的意義，禪的實踐就是透過禪修，有很多不同方式，但可以用三種修法總攝所有的修法。

第一種稱為「奢摩他」，就是寂靜的意思，修行者了解到自性本空而發心修行，取靜澄心，覺察意識妄動，但心合寂靜的本源而不合意識的分別，漸漸地內外身心不起妄念，便能因靜而生慧，如鏡能照見一切像，了知根本無有生起的差別智慧，這叫做「止」，也就是無時不在定中的觀見。

第二種稱為「三摩波提」，就是從等持之中，進入聖人之位。修行者當了解到自性清淨本空之後，以如幻的始覺力量，觀照一切現象都是幻化不真，從如幻的觀察中生起差別的不同智慧，這即是如幻觀。更進一步，生起大悲心利益他人，好比把覺悟的種子灑在眾生的心田，就會長出不同的智慧，這叫做「觀」，如幻的觀照也就是大乘菩薩度眾生不會厭倦的原

理。

第三種稱為「禪那」，就是靜慮，定慧等持的意思，不取靜相，亦不取幻化，了知身心皆不可得，直造靈明，雖依身心而修，但不為身心所障礙。就好比樂器中笙簧，聲音雖然從它而出，但是卻無法障礙聲音向外傳遞。這又叫「止觀雙運」，此時修行者已經超越一切障礙，自在受用身心世界。

以上三種方式修行者可以依照自己根器，無論是透過哪一種方式，都是要去除迷惑、找回自己本來的真心。透過止、觀、禪那三種方法互用，就能慢慢進入中道，漸漸協調到內外都不住不執，使止觀三者是融合的，從止靜、觀察到無取捨，就能證入實相解脫的禪悟境界。事實上，三乘修法皆不離止與觀的作用，默照禪也就是如來禪的修持，默照空昭的體現，而臨濟禪的參話頭就是從一念無明到無始無明的突破與超越！

禪的實踐是可以在日常生活中用功的，當年馬祖禪師開悟後回到家鄉，傳給他嫂嫂一個非常特別的法門，他說：「用稻草綁吊一顆蛋

在灶龕上，在煮飯、做菜的時候，用心聽，天天聽，聽到那顆蛋有一天跟妳講話的時候，你就得道了。」十年過去了，馬祖的嫂嫂也就老老實實地聽了十年，一心一意地聽了十年。十年當中，他嫂嫂怕錯失雞蛋說話的時機，於是她就天天一邊做事一邊聽，走路也在聽，帶孩子也在聽，總言之，就是把握住任何「聽」的時機。十年時光過去，綁蛋的稻草繩斷了，雞蛋掉下來，碰一聲，雞蛋終於跟她講話了，打破了空寂的聲音。其實雞蛋沒有跟她說話，功夫就在「聽那個」無聲之聲，在「聽那個」沒有聲音的聲音，重點不在雞蛋是否真的說話，而是在聽寂靜，就像雞孵蛋，讓蛋暖、暖、暖，直到蛋殼破開，修行就是如此，馬祖禪師的嫂嫂並沒有離開日常生活而修禪，功夫就在生活中進行，一直用功，直到因緣成熟，破殼

而出，獨露真常，直見本來面目。所以，禪是無所不在、處處顯現的，馬祖的嫂嫂只是一個鄉下煮飯的婦人，都能通過生活體會到禪。因為，禪的實踐在心，而「心」是當下與整體的生活打成一片的，食衣住行、行住坐臥，都可以是禪的實踐場域。但是，當「心」如同野馬一樣向外到處奔馳，就會衍生出人心的各種問題，例如憂鬱症、恐慌症等心理疾病的發生，而禪的實踐能轉換生命，「讓心回到原點」，回到靈性生命的源頭。

從傳統角度看，現在文化斷層非常嚴重，儒釋道三家的謙卑、尊重、含蓄、儒雅、氣節、大智、大慈悲、大無畏的活水源頭，深藏於中國人的生活態度之中，所以，下面我們歸納幾個禪的生活特色，也是禪在當代中國社會

可以做出貢獻的地方：

一、禪是了無牽掛的平常心

人類由於被自身慾望所迷惑，汲汲追求名利，以為那是真實的，從中產生對自己名聲的執著與物質生活的計較，使社會產生衝突與競爭，自己的生活也產生了繁雜不安，如何回到簡單樸實的生活，可以在禪的「平常心是道」去學習與發現。

二、禪是明白因果負責任的生活

一個禪悟者，不只明白自己的因果業報，也能勇於對自己的行為負責。對命運、對生死的問題完全沒有恐懼也沒有抱怨，只有承擔。

三、禪是普世慈愛的和諧生活

禪是對心性的明白，了知一切眾生都具足如來清淨心，大家都可能成佛，都值得我們尊敬禮拜，一念善則感召善的循環，一念惡也將造成惡的循環。禪讓我們體會到所有生命彼此之間是一個共同體，當眾生有苦難時，我們也會感受到苦，自然會生起大悲心去幫助他們。

四、禪是環保愛地球的樸實生活

禪行者往往活在當下，生活極為簡單樸實，不去追求虛榮的消費主義，因為他的生活非常嚴謹專心，對因果嚴謹，對心念無戲論，所以不會為了貪欲觸犯因果而傷害眾生，他們對大自然所顯現的智慧非常尊重，不隨意破壞他們，地球資源也能被保存下來。禪也是最快速可讓我們的心柔軟下來的啟發力量，近年來，我在世界各地推行「一分禪」，只要透過一分鐘的禪，就能夠幫助大家體會到禪的奧妙，現在我們可以來進行看看。

（師父現場帶領「一分禪」：「深呼吸、合掌、放鬆、寧靜下來、讓心回到原點。」）

感恩大家！

2011

拾壹
月

November

拾壹月

磬聲祈福
世界宗教博物館十一周年慶

1月9日是世界宗教博物館十一周年館慶日，也是「世界宗教和諧日」，心道師父與世界各宗教領袖們特別以「一句祝福一聲磬」的敲磬祈福儀式，揭開館慶的序幕，象徵著敲醒人們內心的祝願，並傳達和平於十方。

心道師父於致詞時提到：「世界宗教博物館舉辦館慶典禮，是為了提醒我們莫忘創館初衷，早日實現愛與和平地球一家的願景，促成各宗教和平共處、令世界遠離苦難。因此，每年館慶日都會邀請各界朋友一同見證世界宗教博物館這一年來，致力於和諧願景的成果。」

世界宗教博物館於2012年6月推動「2300萬人的幸福學堂」，獲得王永慶先生教育基金會的認同，贊助3,000位大臺北偏遠地區的國小師生免費參觀世界宗教博物館。為了讓這項計畫能夠擴及全臺，造福更多偏鄉地區的學童，世界宗教博物館於十一周年館慶時，特別舉辦「尊勝會」成立大會，邀請王永慶先生教育基金會董事長王文洋、南僑集團總裁陳進財、律師李永然等多位關心本土教育與文化發展的企業家及所屬文教基金會共襄盛舉。

尊勝會以「提升生活品質、推動生命教育」為宗旨，強調由實踐善行，達到內外和諧而圓滿的生活，號召社會大眾加入自利利他的行列，將「2300萬人的幸福學堂」，從大臺北地區擴大到全臺各地，也讓宗博從臺灣2300萬人的幸福學堂，發展成為全世界的幸福學堂。

↑每年館慶，心道師父都會邀請各界朋友一同見證宗博館這一年來致力於和諧願景的成果。

心道師父與各宗教領袖為世界宗教博物館十一周年館慶齊聚一堂，祈願世界和平傳達到全世界。

2012寧靜運動
點亮心光　共振世界和平

2012年的「寧靜運動」以「凝聚　寧靜」為主題，讓大眾透過寧靜口訣與寧靜手環齊聚一堂，觀照內心，做好自我的情緒管理。

在11月10日週末午後時分，參與寧靜運動的民眾穿著白上衣、戴上寧靜手環，靜靜地坐在新北市四號公園的草地上，聆聽2012寧靜運動的「深呼吸」音樂會，享受不一樣的寧靜。

晚上的心光祈願會，在攝心的氛圍下展開。靜謐之中，心道師父親臨現場教導寧靜五口訣－「深呼吸　合掌　放鬆　寧靜下來　讓心回到原點」。深呼吸，透過悠悠緩緩的深呼吸，享受一呼一吸間的輕鬆與快樂；合掌，把所有不和諧收到雙掌中，轉換不好的念頭，享受合掌的寧靜；放鬆，讓一切壓力消除，放下執著與憂擾；寧靜下來，把自己帶入寧靜安祥之中，一貫而下，自然心安；讓心回到原點，回到沒有分別、染著的本心，不再作用心念，讓心休息、享受快樂。

所有參與祈願會的民眾皆配載寧靜手環，主持人吳若權提醒民眾時時覺察心境，翻轉手環（手環紅色面代表躁動，白色面代表祥和），期待每個人的心靈都能

←凝聚每一個人的寧靜力量，
　共振臺灣與世界的和平。

↑秀出你的寧靜手環。

→「寧靜心光分享會」邀請心道師父、新
　北市市長朱立倫(右二)、國策顧問漢寶
　德(左三)、主持人吳若權(右一)、作家
　蔡詩萍(左二)及主播林書煒(左一)，分
　享自身寧靜的體驗。

多一點清淨，少一些衝突。

　　2012年的寧靜心光祈願會特別規劃「寧靜對談」，邀請心
道師父、新北市市長朱立倫、國策顧問漢寶德、作家蔡詩萍及主
播林書煒，從個人、家庭、企業、社會等各層面，分享寧靜的重
要與價值。心道師父表示，「資訊時代讓人心浮躁，寧靜可以幫
助大眾找到生命的真理，創造和諧溝通，體會彼此是生命的共同
體。」

　　祈願會尾聲，心道師父並與現場所有貴賓及數千民眾點亮手
中心光燈，凝聚所有寧靜心光，照亮全球每一個角落，一同共振
世界和平。

愛是宗教的共通語言
海地國會訪臺團參訪宗博館

我國友邦海地共和國國會代表團一行訪臺，訪臺期間由海地共和國駐臺大使庫珀（Ms. Rachel Coupaud）帶領內政暨國土委員會主席喬瑟夫（Mr. Joseph）、外交委員會副主席畢艾梅（Jean Baptiste Bien-Aime）等人參訪「世界宗教博物館」。

海地共和國於2010年發生兩個世紀以來最嚴重的芮氏7.0級地震，心道師父於第一時間即捐出十萬美金，並動員GFLP與政府組織建立「跨界救助模式」；隨後靈鷲山佛教教團成立正式募款專戶，累積善款

新臺幣556萬元全數捐贈予外交部，作為執行海地災後重建計劃中的兒童保護使用。外交部部長楊進添親自出席接受捐款，並頒發感謝狀，感謝心道師父對海地的人道救援。

海地共和國與師父有如此的因緣，代表團特於訪臺期間來到世界宗教博物館參訪。在聽完館員導覽後，海地共和國駐臺大使庫珀表示，「很開心能夠在宗博館看到世界上的各種宗教，讓參觀的人瞭解到每個宗教皆富含文化與歷史，且唯一的共通語言就是『愛』。」國會代表團表示，

希望未來有機會與宗博館進行宗教文化與藝術等方面的交流。

　　根據紀載，位處中美洲的海地共和國，16世紀成為西班牙的殖民地，西班牙從西非擄掠黑人至海地，把「非洲巫毒教」帶到海地，後又因西班牙的殖民統治，人民轉而信奉羅馬天主教。經過時間的演變，當地原始的信仰逐漸融入非洲巫毒教與羅馬天主教，而形成獨樹一格的宗教現象。

↑ 海地國會訪臺團，由海地駐臺大使庫珀(左一)帶領內政暨國土委員會主席喬瑟夫(右二)、外交委員會副主席畢艾梅(左二)參訪世界宗教博物館。

拾
貳
月

December

大悲觀音灌頂傳法
師父勉僧眾做觀音行者

近年來，心道師父因為弘法事業的擴展，在國內、國外不斷地奔波，卻始終未曾間斷每天的早晚課，更堅持於每季閉關21日；即使再忙碌都不忘初衷，給予弟子們最好的榜樣。心道師父此次「冬季大悲觀音閉關」，自11月12日起為期21天；閉關期間，師父除了每天固定的功課之外，每日更要持誦近兩千遍的〈大悲咒〉。尤其在人心惶恐不安，末世預言甚囂塵上的2012年底，心道師父為此更將閉關的殊勝功德，迴向全球平安、人心安定、世界和諧。

12月3日，心道師父在「冬季大悲觀音閉關」圓滿日這天，特別為僧眾傳授殊勝的「聖千手千眼大悲觀音成就法」灌頂。心道師父說：「此次閉關，算是一個階段的圓滿，如今因緣成熟，決定給予諸位僧眾灌頂，開許修持此觀音的秘密法門。」「聖千手千眼觀音成就

↑心道師父親自為僧眾灌頂傳法。

僧眾領受心道師父灌頂加持。

法」法要，是靈鷲山觀音法門的傳承，心道師父從尊貴的錫欽寺毗盧仁波切座下獲得了圓滿的教授，多年來更依此法門閉關修持。

灌頂圓滿，心道師父期勉僧眾，「今天的灌頂，不只是一個儀式，而是一個修法的緣起、一個傳承的緣起，希望大家從灌頂之後，每天都要不間斷地修法，讓觀音的傳承確實落實下來。難得的緣起，希望每一位弟子都成為如實的觀音行者，靈鷲山也是如實的觀音道場。」

12/10~11

嘉虔祖古仁波切參訪靈鷲山
肯定宗博館生命教育展示

↓嘉虔祖古仁波切(右)來訪，心道師父以藏傳禮儀獻上哈達表示歡迎。

來自不丹的嘉虔祖古仁波切於10、11兩天參訪靈鷲山無生道場及世界宗教博物館。

嘉虔祖古仁波切與心道師父兩人超過十多年的友情，多年後再次會面，讓師父倍感開心。嘉虔祖古仁波切與心道師父話家常：「隔了那麼久，再看到心道法師，

依舊這麼年輕，氣色非常好，更高興看到心道法師佛行事業廣大弘遠。」師父也讚嘆嘉虔祖古仁波切是世間的寶，並誠摯邀請嘉虔祖古仁波切，下回來靈鷲山停留更長的時間相互交流。

值得一提的是，嘉虔祖古仁波切的身影早已呈現在世界宗教博物館「朝聖步道」牆面上，是眾多不同宗教朝聖者之一。當第一次看到「朝聖步道」牆面上的自己，仁波切表示很開心。他並鼓勵大眾常來宗博館走走，在這靈性的殿堂內細細思索生命的本質，讓心靈逐漸澄澈下來。

←嘉虔祖古仁波切仔細觀看各宗教的展示。

緬甸供萬僧
以正念正覺永續善業

↑ 點燃萬盞祈願燈，發願一同啟動正念，為世界和平祈福。

每年12月，心道師父均會帶領「緬甸供僧朝聖團」前往緬甸這處佛國聖地、人間淨土，禮拜佛塔、供養僧眾，至2012年已是第十一年。

佛陀成道時曾說：「一切眾生皆有如來智慧德相，但以妄想執著不能證得」。人生在世存有許多習氣、慣性，因而產生無明煩惱，心道師父鼓勵大眾藉由朝聖洗滌、淨化這些念頭，讓自己習慣學佛、進而成佛。

12月21日是馬雅末日預言日，心道師父特別帶領朝聖大眾，在大金塔前點燃萬盞祈願福燈，為世界和平、地球平安祝願，也為緬甸這處保存千年佛教傳承的國家祈禱。師父叮囑弟子，「在這特別的日子裡，點燃萬盞明燈，目的是讓我們的善業永續，要善業永續，便要點燃我們的正

↑ 供萬僧，祈願正法久住。

念！正念就是正覺，以正覺啟開永續的善業，地球才會平安、世界才會和平。我們以點燈啟動善念、點燃內心的光明、點亮世界的黑暗，透過一心善念，讓諸佛菩薩接引我們，也讓我們的正念永續。」

和諧‧寧靜‧心和平──

12/29～2013/03/10

世界之窗 智慧之眼
宗博館宗教藝術文化展登陸

2012年，世界宗教博物館以「宗教文化與藝術」為主題，在北京首都博物館推出「世界宗教博物館宗教藝術文化展」。此特展的緣起為2011年，臺北世界宗教博物館與北京首都博物館簽訂交換展的合作協定。當年11月適逢世界宗教博物館十周年館慶，首都博物館在世界宗教博物館舉辦「智慧華嚴─北京首都博物館佛教文物珍藏展」，2012年則由宗博在北京首博展出，兩館以展覽為媒介，展現文化底蘊與藝術美感，促進兩岸宗教文化藝術與博物館專業之間的交流。

開幕式邀請了各界嘉賓，包括國務院臺灣事務辦公室交流局副局長曲萌、國家宗教事務局副局長蔣堅永、國家文物局港澳臺處處長朱曄、北京文物局副局長郝東晨、中國佛教協會副會長印順法師、臺灣貿易中心北京首席代表吳政典等貴賓，一

↑心道師父偕同中國國家宗教事務局副局長蔣堅永（右）參觀展區。

同見證兩館文化藝術交流的成果，也率先體驗全球唯一以七大宗教為展示主題的宗博館精彩縮影。

心道師父致詞時表示，「在多元化和全球化的世紀裡，不同民族文化的人們必須透過多元開放與寬容尊重的對話達成和諧共存。20年前構思建立『世界宗教博物館』，就是希望提供一個平臺，讓民眾理解各宗教間不同文化層面的意義，並從不同宗教中學習尊重與謙卑的品德。」

「世界宗教博物館宗教藝術文化展」由兩部分構成：第一部分「世界宗教概覽」。以影片、互動地圖等多媒體技術介紹宗教的起源、世界宗教的分佈等資訊。第二部分「世界主要宗教的文化藝術」。透過宗教藝術品、文字、多媒體等

載體，介紹世界七大宗教的特點、內涵與核心價值。

除了專業的展示之外，多元的教育活動也是宗博館重要的發展特色，尤其是兒童解說活動。因此在首博的展覽中，規劃了體驗式的兒童導覽，配合展出的文物，讓兒童體認宗教藝術不只在博物館裡看得到，在生活中也能夠接觸。

心道師父說：「世界宗教博物館不僅是一座硬體的博物館，也是一個推廣生命教育的平臺，『世界宗教博物館宗教藝術文化展』以多媒體的方式吸引年輕人，為他們啟發生命的目標，也為參觀者介紹各宗教的生活禮俗，因為生活禮俗就是延續文化的重要載體。」

年度
報導

↑慢慢走，每一步不再只是匆匆的一步，每當將腳放下時，煩惱似乎也從腳底流出去，用心且專注時，就能真的活在當下。

01/15~12/16

雲水禪推廣禪修
寂靜修四步驟 回歸本來

身處資訊爆炸的時代，現代人生活步調快速，承受莫大壓力，進而影響到身心健康。在忙碌的生活中，如何擁有寧靜的片刻？禪修正是提供現代人嚮往寧靜的最佳良方。

靈鷲山無生道場自1987年起舉辦「雲水禪」活動，至今已逾二十個年頭，2012年起，首度採取不收費的方式，與廣大善信結緣；「禪七」加入「尋根之旅」，尋訪心道師父早年禪修的蹤跡。讓參與大眾除了心靈上的修持之外，也能夠更加瞭解心道師父與靈鷲山推廣禪修的精神。

心道師父禪修法門「寂靜修」以四步驟引導、帶入禪修。這四個階段（方法）包括：第一階段是吐納，以深呼吸改善身體的含氧狀態；第二階段是靜心觀照，讓心沉靜下來；第三階段是呼吸法，覺知出入息的進出；第四階段則是寂靜修。

心道師父對參與雲水禪的學員們開示：「禪修的目的是甚麼？禪修的目的是讓自己清清楚楚、明明白白、明明朗朗。禪修是正念正受，正念正受就是不變動，不會被任何人、事、物所影響，在一切諸法裡面不被牽引。」

坐禪，把自己回歸到最原始的那份本覺、本明的心，而非他物。學禪，是一個享受靈性最好的方法。大眾平常追逐物欲，永遠都不滿足，如果能夠回到靈性的原點，就可以享受到自己。禪修讓我們能夠跟自己在一起，並提昇自己的精神層面，究竟找回最原始的自己。

雲水禪場次時間表

場　次	時　間　表
雲水禪一	02/11、03/31、05/06、06/10、07/15、09/01、10/26、11/11、12/01
雲水禪二	06/15~16
雲水禪三	03/23~25、08/10~12、10/05~07、12/14~16
雲水禪七	05/14~20、07/21~27、09/08~14、11/19~25
企業禪	01/15~16、02/04~05、03/08~11、06/18~20、08/05、09/02

禪是一種練心的工具，我們透過不斷地練習，不斷地進階，直到心能夠清清楚楚揭示。

↑靈鷲山護法會儲委精進營活動圓滿大合照。

03/10~12/23

靈鷲山護法會四季營
轉動人間觀音精神

靈鷲山護法善信多年來，跟隨著心道師父學習觀音菩薩的精神，踐屢心道師父的教法，發心奉獻至今，在2012年末世預言的動盪不安中，圓滿了「21日百萬大悲咒願力閉關」，匯聚了成千上萬的善緣，以百萬真心來祈求地球平安，注入寧靜安定的法露。

護法幹部們耕植「人間觀音」的種子，成就了百萬悲願，閉關結束後，繼續耕耘願力，凝聚善法志業。在2012年的靈鷲山護法會四季營裡，委員們除了分享每一季的成果之外，並為「人間觀音」新紀元的新科委員舉行授證，期盼在弘法志業上相互學習、相互鼓勵。

護法會培訓課程活動時間表

時　間	活動內容	地　點
03/10~03/11	幹部春季營	無生道場
03/25	中區以南授證委員精進營	臺南分院
04/08	西區以北授證委員精進營	新北市分院
05/26~05/27	幹部夏季營	無生道場
06/03	西區以北儲委精進營	慧命教室
07/01	中區以南儲委精進營	臺南分院
09/09	中區以南儲委精進營	高屏講堂
09/16	西區以北儲委精進營	臺北講堂
09/22~09/23	幹部秋季營	無生道場
10/12~13	護法會委員禪修營	無生道場
10/13~14	護法會委員禪修營	無生道場
11/25	南場委員精進營	臺南分院
12/08~09	幹部冬季營	無生道場
12/15	北一場委員精進營	無生道場
12/16	北二場委員精進營	無生道場
12/22	北三場委員精進營	臺北講堂
12/23	北四場委員精進營	臺北講堂

靈鷲山護法會在心道師父的悲心願力下，以觀音菩薩的化身自勉，具足慈悲與禪，做心靈的服務員，讓「人間觀音」轉動在世間。

心道師父說：「護法委員是守護心靈的人！是讓社會發善心，護持善種子的人，同時堅固身邊人的善心與善行的人。擔任護法會委員是一種使命，這種使命就是『慈愛一切眾生』。」

↓四季精進營，給予護法委員們吸收新知、學習成長的機會，學習更多的善巧來接引十方善信。

緬甸弄曼農場 宣揚愛與和平地球家
佛國種子獎助學金頒獎

緬甸是心道師父的故鄉，由於與緬甸的特殊因緣，心道師父創辦的GFLP（愛與和平地球家）成為第一個能夠於當地設立孤兒教養院與學校的非營利國際組織。GFLP所推動的七項計畫中，「緬甸計畫」包括「大雨托兒所」、「弄曼修行農場」、「佛國種子獎助學金」與「僧伽高等教育留學」等。

位於緬甸臘戌弄曼村的「弄曼修行農場」，是該村村長受到師父對家鄉回饋的感召，將原本種植玉米的土地奉獻出來。靈鷲山佛教教團在此成立NGO組織，以技能培養為目標，經營有機修行農場，不但扶助村民自給自足，也協助附近農人的收成有較為

↑弄曼農場是以不破壞生態平衡為理念建構而成的永續農業。

優厚的收購價。

　　2012年8月20日，臺灣公共電視臺「南部開講」節目繼長期關懷在地旅行和土地的議題之後，前往靈鷲山緬甸弄曼農場製作專題節目，探討有機栽種對土地復原的可能性。一開始便投入籌建弄曼農場的淨念法師說道：「起初建立這個農場，

靈鷲山佛教教團第九屆緬甸「佛國種子獎助學金」

發放日期	城市	僧院
07/09	臘戌市	SeiDaDuKa寺院
08/15	滾強光鎮	Shwei Kyin Kyan寺院
		Pa R-mi San寺院
		Zaw Ya Thein寺院
		Taw That D-Ma Yeit Tha寺院
		D-Ma Ka Yon寺院
		Ma So Yeit寺院
08/18	仰光市	NaGaHlaingGu寺院
12/13	仰光市	Myan Aung 寺院

↑ GFLP於NaGaHlaingGu寺院頒發佛國種子獎學金。

↑農場至今仍保持傳統的有機生活方式，強調水土保持且不使用任何化學肥料和大型農機具。

↑農場提供穩定的農耕機會，讓原本四處打零工的佃農可以在弄曼村安居樂業。

↓弄曼農場種植的「岩蘭草」所製成之「岩蘭之香」。

沒有想要把它弄成大型的農場，也不想套用傳統農場的觀念，更強調的是生態平衡感。當我們一開始經營弄曼農場時，是以擴大經濟價值與永續經營為目標。譬如說，若一公頃的地種植食用的農作物，產值約有1,000元，而改種精油或香草植物，就可有10倍以上的產值，而且不會造成汙染。」

　　9月23日，公共電視臺於晚間新聞時段播出靈鷲山緬甸弄曼農場專題報導，向全世界傳達弄曼農場的經驗，希望外來的國際NGO組織在進入當地時，秉承尊重、包容與對話的態度，透過社會企業的理念，讓當地農民從無到有，逐漸開花結果，達到自給自足的目的。弄曼農場的有機種植經驗，值得臺灣國土保育的重視與借鏡。

　　「佛國種子獎助學金計畫」結合聯合國與國際NGO組織，提供生活、教育、職訓、公眾醫療服務等，將佛法教育與社會服務結合，協助當地孤兒與貧童自給自足，脫離貧困循環，進一步改善當地社區，落實心道師父「愛與和平地球一家」的理念。

　　「佛國種子獎助學金頒獎」始自2004年。2012年第九屆「佛國種子獎助學金」分別於臘戌市、滾強光鎮與仰光市舉行。獎助學金不僅讓鄉間弱勢的孤兒、沙彌等優秀且認真讀書的小朋友們，打開渴望上學的心靈，也讓有能力的僧侶得到提升學習的管道，在未來完成階段性的學習之後，繼續為大眾服務。

03/07~2013/01/18

慧命成長學院十年有成
佛學世學課程兼備 創造生命價值

「提到慧命，您會想到什麼？」10年來，慧命成長學院秉承心道師父的教育理念，尊重並傳續佛法的正信正統，開設佛法及世學課程。2012年，值遇靈鷲山開山廿九周年，慧命成長學院統整歸納過去的教育經驗，並重新思考：佛法教育的本懷，其實來自對於人性、人類「生命價值」的追尋。因此，慧命成長學院更思索，如何引導學員將佛法經典與自己的生命緊密結合，並傳達給學員，習修佛法不僅只於內在無限的法悅，同時，也要能運用在現實生活。以佛法來引領正面思考，以正知正見來守護內在的寧靜，隨時保持正念，感染生活周遭所有的人，使大眾都能了解學佛的自在與美好。

以此核心概念，慧命成長學院在佛學課程部分，禮請佛教界專業、優秀的教授

↑靈鷲山慧命成長學院禮請靈鷲山首座了意法師主講《華嚴經》。

級師資，開設《小止觀行法》、《唯識學─百法名門論》、《佛學英文》、《華嚴經導讀》、《華嚴經選讀：十地品》、《佛教經典的現代啟示》等課程。所有課程皆強調對自己生命的反觀，在課程中持續提醒學員「法的實用性」，並且透由經典省思自己的生命如何經營、善用、創造；在世學課程部分，亦延續著慧命成長學院近幾年推薦大眾的《太極導引》、《茶食養生》，藉著功法與養生保健，讓身體狀態自然平衡，把握時間學習並淬鍊鍛造生命更高的精神價值。

慧命成長學院2012年度課程

瓔珞課程

佛學課程	《華嚴經》導讀 《華嚴經》選讀 小止觀行法 佛教心理諮商 佛學英文 唯識學概論─百法明門論 覺者足跡─印度聖地概說
世學課程	太極導引 宗風讀書會 茶食養生

講堂課程

臺南分院	菩提道次第廣論（道前） 平安禪初級班
基隆講堂	菩提道次第廣論（中）
樹林中心	基礎佛概
桃園講堂	平安禪初級班 基礎佛概
嘉義中心	平安禪初級班
新營共修處	菩提道次第廣論（道前）

年
2012
表

2012年表

日期	大事摘要
2012/01	《大悲 華嚴 覺有情：靈鷲山2011弘法紀要》出版。
01/01	靈鷲山佛教教團應東北角暨宜蘭風管處邀請，參與元旦「東北角迎曙光音樂會」。
01/04	心道師父接受英國布萊爾基金會（Tony Blair Faith Foundation）視訊訪談。
01/07	靈鷲山佛教教團啟建「圓滿施食暨第二場水陸先修法會」。
01/07	世界宗教博物館舉辦「藏傳佛教的發展教理與藝術表現」講座。
01/08	靈鷲山基隆講堂舉辦「與師有約」。
01/08	靈鷲山臺中講堂啟建「慈悲三昧水懺法會」。
01/11	靈鷲山臺北講堂舉辦「與師有約」。
01/12	靈鷲山佛教教團於新北市樹林舉辦「靈鷲山職工歲末感恩聯誼餐會」。
01/14~15	心道師父赴靈鷲山香港佛學會主法「觀音百供修法」。
01/14	世界宗教博物館舉辦〔彩虹女巫說故事〕－－《十二生肖的故事》。
01/15	靈鷲山蘭陽講堂啟建「慈悲三昧水懺法會」。
01/20	靈鷲山佛教教團於無生道場啟建「正覺塔裝臟」，由心道師父主法。
01/22	靈鷲山無生道場舉辦「靈鷲山除夕圍爐」。

壹月

日期	大事摘要
01/23~29	新春期間，靈鷲山佛教教團分別於金佛園區及無生道場，舉行迎財神法會、供燈禮佛、聖物加持等活動。
01/24	行政院院長吳敦義伉儷、秘書長林中森等貴賓參訪靈鷲山。
01/26~29	世界宗教博物館舉辦「創意DIY小站」活動。
01/28	世界宗教博物館舉辦〔彩虹女巫說故事〕－－《一個叫做家的地方》。
01/29~31	靈鷲山三乘佛學院於無生道場舉辦「心寧靜教師研習營」。
01/30	靈鷲山佛教教團於無生道場舉辦2012年度職工新春團拜。
01/31	靈鷲山無生道場啟建「新春小齋天法會」。
02/01~06	靈鷲山般若文教基金會附設出版社參與2012臺北國際書展，推廣靈鷲山的宗風法脈。
02/01~05	靈鷲山桃園講堂啟建「新春梁皇暨瑜伽焰口法會」。
02/02~10	心道師父美國弘法行。2日，於靈鷲山紐約法拉盛道場籌備處，帶領大眾體驗平安禪修。3日，於紐約喜來登飯店，主法「觀音百供新春祈福法會」，並於紐約法拉盛道場籌備處舉行《聞盡》新書簽書會及接受中文商訊採訪。5日，應邀赴印第安納州聖母（諾特丹）大學（Notre Dame University)出席「實踐聖潔的故事：跨宗教理解運動（Stories of Practical Holiness: An Exercise in Interreligious Understanding）」論壇，會中發表「轉換自我與世界－佛教靈性的故事」演說。6日，於聖母大學接受Fetzer基金會的訪問。7日，接受美國國家公共廣播電臺芝加哥臺(NPR, Chicago Public Media, WBEZ91.5)專訪。
02/03~05	靈鷲山三乘佛學院舉辦「第十二屆青年佛門探索營－佛營幹訓」。
02/04	世界宗教博物館於靈鷲山新北市分院舉辦「西藏頌缽、音波振動與療癒體驗工作坊」。
02/05	靈鷲山佛教基金會、世界宗教博物館與聯合報副刊、聯合新聞網共同舉辦「第十屆宗教文學獎」，並公布短篇小說組與新詩組得獎名單，本屆文學獎主題為「喜歡生命，聆聽寂靜」。

壹月

貳月

02/05	靈鷲山蘭陽講堂啟建「藥師普佛」。
02/06~10	靈鷲山三乘佛學院舉辦「第十二屆靈鷲山佛門探索營」。
02/11	靈鷲山佛教教團於金佛園區舉辦「貢寮地方新春茶敘」，心道師父與在地仕紳、鄉親拜新年，互道吉祥與祝福。
02/11	靈鷲山護法會於無生道場舉辦「圍善傳爐－護法會全國委員新春聯誼」。
02/11	靈鷲山無生道場舉辦「雲水禪一」。
02/11	世界宗教博物館舉辦〔彩虹女巫說故事〕－－《你看起來很好吃》。
02/11	靈鷲山普仁獎學金基隆市頒獎典禮於基隆豪鼎飯店舉行。
02/12	心道師父於無生道場主法「圓滿施食法會」；臺中講堂啟建「慈悲三昧水懺法會」。
02/13~03/04	靈鷲山無生道場舉辦「僧委21日冬季閉關」。
02/17	立法院院長王金平參觀世界宗教博物館及《智慧華嚴－北京首都博物館佛教文物珍藏展》特展。
02/18	靈鷲山普仁獎學金桃園縣頒獎典禮於桃園縣議會舉行。
02/19	靈鷲山普仁獎學金臺北市頒獎典禮於大安國中舉行；另，新北市頒獎典禮於三重厚德國小舉行。
02/24~04/18	靈鷲山慧命成長學院〔春季班瓔珞〕系列課程－－【佛學課程：《佛說八大人覺經》】開課。
02/25	世界宗教博物館舉辦〔彩虹女巫說故事〕－－《紙袋公主》。
02/25	靈鷲山臺北講堂啟建「慈悲三昧水懺法會」。
02/26	世界宗教博物館於太平洋百貨雙和店舉辦2、3月壽星寶寶慶生會。
02/26	靈鷲山中港中心及高屏講堂啟建「慈悲三昧水懺法會」。
02/28 09/02	世界宗教博物館舉辦「說龍解密－靈獸傳奇」特展，運用多媒體方式精采呈現華人世界獨有的「龍文化」。
02/29~05/09	靈鷲山慧命成長學院〔春季班瓔珞〕系列課程－－【世學課程：太極導引】開課。

2012/03	靈鷲山般若文教基金會附設出版社出版《心之道智慧法語第一輯》。
03/01	靈鷲山慧命成長學院〔春季班瓔珞〕系列課程－－【宗風讀書會：第一場《明心不昧－百丈禪寺祖庭水陸禪》】。
03/04	靈鷲山新北市分院、中壢中心及嘉義中心啟建「慈悲三昧水懺法會」。
03/08	靈鷲山慧命成長學院〔春季班瓔珞〕系列課程－－【宗風讀書會：第二場《朗朗覺性－心道師父閉關日記》】。
03/08~10	靈鷲山高屏講堂於無生道場舉辦「企業禪」。
03/10	世界宗教博物館舉辦〔彩虹女巫說故事〕－－《穿背心的野鴨寶兒》。
03/10~11	靈鷲山護法總會於無生道場舉辦「幹部春季營」。
03/10~11	靈鷲山慧命成長學院〔春季班瓔珞〕系列課程－－【佛學課程：覺者足跡－印度聖地概說】，為3月下旬印度朝聖先行說明。
03/11~21	靈鷲山無生道場舉辦「僧眾精進禪十閉關」。
03/14	世界宗教博物館聯合中國宗教徒協會、中華民國宗教建設研究會及中華民國宗教與和平協進會共同主辦「守護世界　地球平安」春祈會，心道師父與立法院院長王金平及各宗教代表、各國駐臺使節共同為守護世界點燈祈福。
03/17	世界宗教博物館舉辦「2012年度防制校園霸凌國中教師研習營」第一次課程。
03/17	第二屆靈鷲山全國普仁獎頒獎典禮於交通部國際會議中心舉行，由心道師父與副總統吳敦義共同頒獎。
03/17~18	靈鷲山慈善基金會安排第二屆全國普仁獎得主及隨行親友臺北－宜蘭二日遊。
03/17	靈鷲山臺北講堂啟建「慈悲三昧水懺法會」。
03/18	靈鷲山佛教教團啟建「圓滿施食法會暨第三場水陸先修法會」由心道師父主法；基隆講堂於基隆仁愛國小啟建「基隆清明懷恩大法會」。
03/23~25	靈鷲山無生道場舉辦「雲水禪三」。

參月	03/23~04/02	靈鷲山佛教教團舉辦「印度尋道－覺者足跡11天行」，由心道師父帶領僧俗近180人朝禮佛陀聖地。24日，心道師父於駐印度臺北經濟文化中心接受中央臺訪問，並與印度心靈大師，生活的藝術基金會（The Art of Living Foundation，AOL）創辦人師麗・師麗・若威香卡（Sri Sri Ravi Shankar，或稱古儒吉）進行寧靜對談。25日，朝聖團朝禮苦行林聖地。26日凌晨，朝聖團於菩提迦耶（Bodh Gaya）正覺大塔前啟建「禮拜華嚴懺」。28日，朝聖團於西坎巴蘭縣（West Champaran）南登格爾（Nandangarh）地方啟建「觀音百供」，由心道師父主法，同日，靈鷲山佛教教團獲北印度比哈爾（Bihar）省政府撥地設立靈修中心，心道師父出席簽署協議書。
	03/24	世界宗教博物館舉辦〔彩虹女巫說故事〕－－《我變成一隻噴火龍了》。
	03/24	靈鷲山樹林中心啟建「慈悲三昧水懺法會」。
	03/25~05/20	世界宗教博物館舉辦「神奇幻話：靈獸探源」系列活動。
	03/25	世界宗教博物館舉辦〔神奇幻話〕系列－－隻龍的傳說：光影・小小戲。
	03/25	靈鷲山護法會於臺南分院舉行「授證委員中區以南精進營」。
	03/25	靈鷲山慈善基金會於無生道場舉辦2012年第一場「春季臨終關懷研習」。
	03/25	靈鷲山臺中講堂啟建「慈悲三昧水懺法會」。
	03/31	靈鷲山無生道場舉辦「雲水禪一」。
	03/31	第十屆宗教文學獎頒獎典禮於市長官邸藝文沙龍舉行，世界宗教博物館榮譽館長漢寶德及現任館長江韶瑩和藝文界人士等與會貴賓於頒獎典禮後，共同簽署響應「地球園丁站出來」活動，並邀請藝文界人士引領並呼籲大眾加入「心靈力救地球」的行列。
	03/31	靈鷲山寂光寺啟建「地藏法會暨瑜伽焰口施食」。
肆月	04/01~21	靈鷲山佛教教團啟建「21日百萬大悲咒願力閉關」，心道師父與四眾弟子同時入關，持誦〈大悲咒〉，共祈地球平安。2日，於世界宗教博物館舉辦「百萬真心・地球平安」新聞發佈會，以宗教心、和諧心、關愛心提出「百萬禮讚愛地球」、「百萬微笑護地球」以及「百萬植樹助地球」三大理念，呼籲世界各地的地球園丁站出來。16日，「百萬真心・地球平安－－21日百萬大悲咒願力閉關」，心道師父與四眾弟子共同修持〈大悲咒〉達百萬遍。
	04/01	世界宗教博物館於太平洋百貨雙和店舉辦4月壽星寶寶慶生會。
	04/07	世界宗教博物館舉辦「2012年防制校園霸凌國中教師研習營」第二次課程。
	04/07	靈鷲山聖山寺啟建春季祭典地藏法會；基隆講堂啟建「慈悲三昧水懺法會」。
	04/08~15	靈鷲山無生道場舉辦「僧眾禪七基礎閉關」。
	04/08	靈鷲山護法總會於新北市分院舉行「授證委員西區以北精進營」。
	04/14	世界宗教博物館舉辦〔彩虹女巫說故事〕－－《世界上最長的壽司》。
	04/15	世界宗教博物館舉辦〔神奇幻話〕系列－－按圖索驥：基督宗教聖藝中的靈獸密碼。
	04/15	靈鷲山樹林中心、臺中講堂啟建「慈悲三昧水懺法會」。
	04/20~05/14	靈鷲山般若文教基金會附設出版社舉辦【2012・春・佛誕節】線上書展。
	04/21	靈鷲山佛教教團首座了意法師受邀於中國廣播公司寶島網「樂活人生」節目，暢談心道師父「心和平，世界就和平」的理念，以及介紹「百萬真心・地球平安」系列活動。
	04/21	世界宗教博物館舉辦〔神奇幻話〕系列－－飛龍在天：臺灣的龍神信仰及其藝術。
	04/21~22	世界宗教博物館舉辦「2012年度生命教育議題－－道德思考與抉擇種子教師研習營」。

肆月	04/22	靈鷲山佛教教團於無生道場舉行「百萬真心・地球平安禮讚－21日百萬大悲願閉關圓滿大迴向」活動，心道師父偕同時任副總統蕭萬長為「地球平安碑」揭碑，並將經過「21日百萬大悲咒願力閉關」共132萬3661遍〈大悲咒〉的淨水灑向地球，迴向地球平安；下午，師父於華藏海主法「短軌圓滿施食」。
	04/22	靈鷲山富貴金佛及泰王金佛第四度參與桃園縣政府於桃園體育館舉辦的「2012泰國潑水節」活動，靈鷲山佛教教團並特別將「百萬大悲法水」遍灑現場，為所有人加持祈福。
	04/22	靈鷲山嘉義中心啟建「浴佛法會」。
	04/25~27	心道師父受邀赴香港參與「第三屆世界佛教論壇－和諧世界・同願同行」，與兩岸四地及來自全球60餘國家的佛教領袖與學者專家共同出席此盛會，並接受鳳凰網專訪。
	04/25	世界宗教博物館與中華保護智慧財產協會、中國智慧財產權協進會、金商標會等，於世界宗教博物館共同舉辦「博物館創新及其館藏運用與智慧財產：以世界宗教博物館為例」座談會。
	04/27~30	心道師父參訪北京首都博物館並拜會北京宗教人士；29日，於臥佛山莊教授平安禪。
	04/27	靈鷲山臺南分院舉行「社區弱勢家庭關懷母親節點燈祈福」記者會，將於5/1~5日母親節前夕舉辦社區弱勢家庭關懷與母親節點燈祈福活動，並啟建梁皇法會暨三大士焰口法會。
	04/27~29	靈鷲山蘭陽講堂舉辦「蘭陽萬佛燈會」。
	04/28	世界宗教博物館舉辦「幼兒生命教育」教學資源研習，以及〔彩虹女巫說故事〕——《三隻惡狼想吃雞》。
	04/28	靈鷲山慈善基金會於基隆講堂舉辦第二場「春季臨終關懷研習」。
	04/28~29	靈鷲山無生道場舉辦「交換學生宗教體驗營」，國際交換學生來山體驗宗教與禪修。
	04/29	靈鷲山慈善基金會於桃園講堂舉辦第三場「春季臨終關懷研習」。

伍月	05/01~05	靈鷲山臺南分院於母親節前夕舉辦社區弱勢家庭關懷與母親節點燈祈福活動，並啟建梁皇三大士焰口法會。
	05/04	南投縣婦女會參訪無生道場。
	05/05	中天電視《今日臺灣》節目第一單元播出「宗教文學獎」特別報導。
	05/05	靈鷲山護法總會於樹林講堂舉辦「新北市C區與師有約」。
	05/05	靈鷲山三乘佛學院於臺灣師範大學舉辦第三場「特殊學生的心寧靜情緒管理教學」研習。
	05/05	世界宗教博物館舉辦〔彩虹女巫說故事〕——《我的媽媽真麻煩》。
	05/05	靈鷲山慈善基金會於高屏講堂舉辦第四場「春季臨終關懷研習」。
	05/05	靈鷲山基隆講堂啟建「慈悲三昧水懺法會」；臺北講堂舉辦「百萬大悲咒共修」；桃園講堂啟建「百萬大悲咒共修暨慈悲三昧水懺法會」；花蓮共修處啟建「大悲法會」。
	05/06	靈鷲山無生道場舉辦「雲水禪一」。
	05/06~08	泰國內觀大師讚念長老拜訪靈鷲山無生道場，並為僧眾指導內觀禪修。7日，讚念長老於無生道場傳授「南傳禪修方法及特色」。同日，靈鷲山三乘佛學院舉辦「南傳專題課程」，邀請林崇安教授介紹「南傳佛法的源流和止觀法門概說」。
	05/06	靈鷲山護法總會於臺南分院舉辦「與師有約」。
	05/06	靈鷲山新北市分院、中港中心及新竹共修處啟建「慈悲三昧水懺法會」；嘉義中心舉辦「百萬大悲咒共修」。
	05/07	靈鷲山樹林中心回山舉辦齋僧。
	05/08	靈鷲山三乘佛學院於無生道場舉辦三場「教授師資基礎培訓課程」，邀請臺灣師範大學特殊教育系副教授兼復健諮商研究所所長王華沛教授授課。
	05/09	靈鷲山臺北講堂舉行喬遷灑淨儀式，新址：臺北市中山區松江路220號5樓。

05/09	靈鷲山樹林中心回山舉辦齋僧。
05/11	靈鷲山護法總會於嘉義中心舉辦「與師有約」。
05/11~07/13	靈鷲山慧命成長學院2012〔春季班瓔珞〕系列課程－－【佛學課程:《華嚴經》導讀】開課,禮請靈鷲山首座了意法師主講。
05/12	心道師父於嘉義弘法,並祝福全天下的母親母親節快樂。
05/12	靈鷲山護法總會於新北市分院舉辦「新北市A區與師有約」。
05/12	世界宗教博物館舉辦〔彩虹女巫說故事〕－－《我們的媽媽在哪裡》,並於太平洋百貨雙和店舉辦5月壽星寶寶慶生會。
05/12	靈鷲山臺北講堂舉辦「楞嚴經暨金剛經共修」;新營共修處、高屏講堂舉辦「百萬大悲咒共修」。
05/13	世界宗教博物館舉辦〔神奇幻話〕系列－－動物綺想:手作圖章好好玩;而為慶祝母親節,宗博之友當日入館參觀,可獲贈墨西哥花毯鑰匙圈一個。
05/13	靈鷲山基隆講堂舉辦「百萬大悲咒共修」。
05/14~20	靈鷲山無生道場舉辦「雲水禪七」。
05/16~07/25	靈鷲山慧命成長學院2012〔春季班瓔珞〕系列課程－－【世學系列:「太極導引」】開課。
05/16~20	靈鷲山高屏講堂啟建「梁皇寶懺暨瑜伽焰口法會」。
05/18	靈鷲山護法總會於桃園講堂舉辦「與師有約」。
05/18	靈鷲山臺中講堂舉辦「大悲咒共修」。
05/18~27	世界宗教博物館響應「518國際博物館日」,推出多項優惠活動。
05/18~20	靈鷲山臺北講堂於新址首度啟建「法華法會暨瑜伽焰口」。
05/19~20	靈鷲山三乘佛學院舉辦「心之道尋根之旅」。
05/19	世界宗教博物館舉辦親子瑜珈活動。

05/19~07/14	靈鷲山臺南分院開設「當神經語言課程遇見佛法」課程。
05/19	靈鷲山基隆講堂舉辦朝禮靈鷲聖山。
05/19	靈鷲山新營共修處舉辦「百萬大悲咒共修」;蘭陽講堂啟建「慈悲三昧水懺法會」。
05/20	靈鷲山佛教教團於無生道場啟建「圓滿施食暨第四場水陸先修法會」;臺南分院舉辦「百萬大悲咒共修」;臺中講堂啟建「大悲咒共修暨慈悲三昧水懺法會」。
05/21	靈鷲山三乘佛學院於5月21日起,每周一舉辦「太虛大師系列讀書會」。
05/26~27	靈鷲山護法總會於無生道場舉辦「幹部夏季營」,並恭請心道師父為新科委員授證。
05/26	世界宗教博物館舉辦〔彩虹女巫說故事〕－－《我討厭媽媽》。
05/26	靈鷲山新北市分院、中港中心舉辦「大悲咒共修」。
05/27	心道師父受邀出席「第五屆中華百人慈善論壇」閉幕式,呼籲大眾透過慈善實踐帶動自我的反省與覺醒;靈鷲山慈善基金會秘書長洞音法師亦受邀於論壇中發表「宗教組織從事慈善事業的具體體現」。
05/27	世界宗教博物館舉辦〔神奇幻話〕系列－－歐洲龍、中國龍:龍想像與幻奇敘事的「全球化」趨勢講座。
05/28	靈鷲山佛教教團於無生道場啟建「水陸第一場齋僧法會」;新北市分院舉辦「大悲咒共修」。
05/31	雲南省海外聯誼會會長黃毅先生等21人率團蒞臨靈鷲山無生道場拜訪心道師父,並邀請師父再次返回故鄉雲南舉行水陸法會。
05/31~06/05	心道師父新加坡、馬來西亞弘法行。3日,柔佛新山南方學院啟建「千燈供佛大悲觀音祈福消災大法會」,並恭請心道師父主法。
06/01	「第五屆中華百人慈善論壇」與會人士參訪世界宗教博物館。
06/02	靈鷲山基隆講堂啟建「慈悲三昧水懺法會」。
06/03	靈鷲山護法總會於世界宗教博物館慧命教室舉辦「西區以北儲委精進營」。

伍月

伍月

陸月

	06/03	世界宗教博物館舉辦「多元文化世界觀」認識波斯拜火教：瑣羅亞斯德教－－藝文教育教師研習。
	06/03	靈鷲山慈善基金會於臺南分院舉辦第五場「春季臨終關懷研習」。
	06/03	靈鷲山新北市分院、中壢中心啟建「慈悲三昧水懺法會」。
	06/06	中國江蘇無錫君來集團參訪無生道場及宗博館。
	06/06~07/30	世界宗教博物館舉辦「生命之河－臺灣生命教育的歷史軌跡」巡迴展，首站於臺北護理健康大學圖書館展出。
	06/07	浙江普陀山佛教協會副會長兼法雨禪寺監院的信光法師拜訪靈鷲山無生道場，與心道師父商議2013年多羅觀音奉安普陀山的相關事務。
	06/09	世界宗教博物館舉辦「《迎夏至、尬端午I》創意龍舟擺攤」活動及〔彩虹女巫說故事〕－－《上面和下面》。
陸	06/09	靈鷲山紐約道場舉辦「一日禪」。
月	06/10	靈鷲山無生道場舉辦「雲水禪一」。
	06/10	靈鷲山慈善基金會於新北市分院舉辦第六場「春季臨終關懷研習」。
	06/10	靈鷲山樹林中心、桃園講堂啟建「慈悲三昧水懺法會」；蘭陽講堂舉辦「百萬大悲咒共修」。
	06/12	靈鷲山三乘佛學院於無生道場舉辦第二場「教授師資基礎培訓課程」，邀請臺灣師範大學特殊教育系副教授兼復健諮商研究所所長王華沛教授授課。
	06/15~17	靈鷲山無生道場舉辦「雲水禪三」。
	06/16	世界宗教博物館舉辦「《迎夏至、尬端午I》創意龍舟擺攤」活動及〔與龍共午－藝文教育教師研習〕。
	06/16	靈鷲山慧命成長學院2012〔春季班瓔珞〕系列課程－－【佛學課程：佛教經典的現代啟示】開課，禮請釋清如法師主講。
	06/16	靈鷲山臺北講堂啟建「慈悲三昧水懺法會」；新營共修處舉辦「百萬大悲咒共修」。
	06/16	靈鷲山「全球寧靜運動」推動委員會木慧慈及黃月花老師接受中廣寶島網「樂活人生」節目專訪，暢談寧靜運動推行的成果。

	06/17	靈鷲山佛教教團開山廿九周年慶舉辦「千人朝禮靈鷲山」活動；並表揚「大悲行者」、「朝山力士」以及「生活禪者」，同時於文化走廊舉辦攝影特展。
	06/17	靈鷲山佛教教團於無生道場啟建「圓滿施食第五場水陸先修法會」；臺南分院、紐約道場舉辦「百萬大悲咒共修」。
	06/20~28	心道師父尼泊爾密勒日巴閉關中心考察行。
	06/20	中國大陸浙江省道教協會參訪世界宗教博物館。
	06/23	世界宗教博物館舉辦「《迎夏至、尬端午》創意龍舟擺攤」、「《迎夏至、尬端午II》接力玩樂慶端午」活動，以及〔彩虹女巫說故事〕－－《粽子歷險記》。
陸	06/24	靈鷲山三乘佛學院於無生道場舉辦第三場「教授師資基礎培訓課程」，邀請臺灣師範大學特殊教育系副教授兼復健諮商研究所所長王華沛授課；慈善基金會於臺北講堂舉辦第七場「春季臨終關懷研習」。
月	06/26~12/20	世界宗教博物館與王永慶先生教育基金會攜手合作打造「2300萬人的幸福學堂」，讓偏鄉學童透過博物館的展示與教學資源，體會「生命服務生命、生命奉獻生命」的真諦。
	06/26	世界宗教博物館「2300萬人的幸福學堂」，邀請新北市菁桐國小參觀宗博館。
	06/27	世界宗教博物館「2300萬人的幸福學堂」，邀請新北市有木國小參觀宗博館。
	06/28	世界宗教博物館與王永慶先生教育基金會舉行「2300萬人的幸福學堂」開學記者會，並邀請新北市烏來國小學生入館參觀，象徵「2300萬人的幸福學堂」從新北市開始陸續在全臺各地開課。
	06/28	靈鷲山嘉義中心舉辦「百萬大悲咒共修」。
	06/29	靈鷲山護法總會於蘭陽講堂。
	06/30	靈鷲山臺中講堂舉辦「與師有約」。

07/01	靈鷲山佛教教團於臺南大學舉辦「靈鷲山百萬大悲咒幹部教育訓練」。
07/01	靈鷲山護法總會於臺南分院舉辦「中區以南儲委精進營第一堂課」。
07/01	靈鷲山新北市分院、紐約道場啟建「慈悲三昧水懺法會」；樹林中心舉辦「百萬大悲咒共修」。
07/01	靈鷲山高屏講堂舉辦「心寧靜運動~情緒管理教學研習營」。
07/01	靈鷲山緬甸禪修中心啟建新建工程上樑法會，並依照南傳及漢傳的儀式為緬禪中心灑淨加持。
07/02	靈鷲山佛教教團於無生道場啟建「水陸第二場齋僧法會」。
07/03	靈鷲山新莊中港中心舉辦「十五燃燈供佛」及「普門品暨大悲咒共修」。
07/04	靈鷲山三乘佛學院舉辦初修部第七、八屆畢業典禮。
07/05~07	靈鷲山慈善基金會於無生道場舉辦「2012年青年耕心營培訓」活動。
07/06~09	心道師父赴泰國弘法行，並於靈鷲山泰國講堂主法「觀音法會」。8日，泰國講堂啟建「悲心轉念，地球平安，大悲觀音消災祈福法會」，恭請心道師父主法。
07/06~08	靈鷲山三乘佛學院舉辦〔心寧靜~情緒管理教學〕--第四期教師研習營。
07/07	臺北市家庭教育中心主辦、胡適國小承辦的夜光班成長營參觀世界宗教博物館。
07/07	靈鷲山基隆講堂啟建「慈悲三昧水懺法會」；臺北講堂、新營共修處舉辦「百萬大悲咒共修」；高屏講堂舉辦「水陸功德主行前教育」。
07/08~11	靈鷲山慈善基金會於無生道場舉辦「普仁Fun心營」兒童學佛夏令營，並邀請歷屆普仁獎得主回山同樂；8日，帶領「普仁Fun心營」學員參觀世界宗教博物館。
07/08	靈鷲山基隆講堂、嘉義中心舉辦「百萬大悲咒共修」；桃園講堂、臺中講堂啟建「慈悲三昧水懺法會」；蘭陽講堂舉辦「八關齋戒暨百萬悲願共修」。
07/10	浙江省海峽兩岸經濟文化發展促進會參訪靈鷲山無生道場，並與心道師父會晤，商討2013年靈鷲山「多羅觀音」奉安普陀山事宜。
07/11~12	靈鷲山三乘佛學院師生在靈鷲山首座了意法師帶領下，至佛光山與佛陀紀念館參訪。
07/14	世界宗教博物館舉辦〔彩虹女巫說故事〕--《真的假的？》，並於太平洋百貨雙和店舉辦7、8月壽星寶寶慶生會。
07/14	靈鷲山新莊中港中心舉辦「初一燃燈供佛」及「普門品暨大悲咒共修」；中壢中心、新營共修處、高屏講堂舉辦「大悲咒共修」；蘭陽講堂啟建「慈悲三昧水懺法會」。
07/15	靈鷲山無生道場啟建「圓滿施食法會」；臺南分院舉辦「百萬大悲咒共修」；
07/15	靈鷲山無生道場舉辦「一日禪」。
07/15	靈鷲山佛教教團於新北市分院舉辦「靈鷲山百萬大悲咒幹部教育訓練」。
07/17~18	2012年第十三屆「回佛對談－亞洲宗教的愛與寬恕（Love and Forgiveness in Asian Religions）」於印尼雅加達舉行，心道師父於開幕式發表「全球化時代下的宗教責任與使命」演說，於閉幕時帶領全體與會人員進行禪修。
07/20~23	心道師父於回佛對談圓滿後，續於印尼弘法。22日，於雅加達南海觀音寺主法「千手千眼大悲觀音祈福消災法會」，並成軍印尼大悲咒願力團隊。
07/21~27	靈鷲山無生道場舉辦「雲水禪七」。
07/21	靈鷲山臺北講堂啟建「慈悲三昧水懺法會」；新營共修處舉辦「百萬大悲咒共修」。
07/21	靈鷲山嘉義中心舉辦「水陸知多少」，為大眾介紹靈鷲山水陸法會。
07/21	靈鷲山紐約講堂於華僑文教中心舉辦「心寧靜親子活動」。
07/22	靈鷲山臺南分院舉辦「2012年水陸功德主聯誼餐會」。
07/22	靈鷲山三乘佛學院舉辦「三乘佛學院第十屆招生考試」。
07/22	靈鷲山紐約講堂於長島商學院舉辦「情緒管理課程」。
07/27	靈鷲山無生道場第八度榮獲新北市「社會教化」獎，由無生道場當家法師常存法師代表出席領獎。

柒月

	07/27~28	靈鷲山臺北講堂舉辦「寧靜一夏~親子共學成長營」。
	07/28~08/18	心道師父進行2012年水陸法會前行21日的閉關。
柒月	07/28	世界宗教博物館舉辦〔彩虹女巫說故事〕——《爸爸，你愛我嗎？》。
	07/28	靈鷲山新北市分院、新莊中港中心舉辦「大悲咒共修」。
	07/28~29	靈鷲山新營共修處舉辦「富貴心靈‧親子心寧靜夏令營」；高屏講堂舉辦「寧靜一夏‧親子共學成長營」。
	07/29	世界宗教博物館於太平洋百貨雙和店舉辦「看建築遊世界」。
	07/29	靈鷲山臺中講堂舉辦「大悲咒共修」。
	07/31~2013/03/03	世界宗教博物館舉辦「說教有理－善書寶卷典藏特展」。
	2012/08	心道師父閉關期間，聞颱風襲臺消息，呼籲全球佛子修誦《普門品》；並於無生道場為臺灣點燈，祈禱全臺無災無難。
	08/01	靈鷲山般若文教基金會附設出版社出版2012年靈鷲山印度朝聖專書《印度朝聖　佛陀在否？》。
	08/01	靈鷲山臺中講堂舉辦「法華經暨大悲咒經典共修」。
捌月	08/02	靈鷲山三乘佛學院於高雄市前金幼稚園舉辦「心寧靜教師研習營」。
	08/02	靈鷲山新莊中港中心舉辦「十五燃燈供佛」及「普門品暨大悲咒共修」；嘉義中心舉辦「百萬大悲咒共修」。
	08/03	靈鷲山無生道場舉辦「雲水禪一」。
	08/04	世界宗教博物館舉辦〔善良一夏~今夏吹善風〕——古風‧時尚‧傳奇~夏日親子半日遊活動。
	08/04~10/13	靈鷲山慧命成長學院與中華守候文教協會合作舉辦「當神經語言課程遇見佛法」公益班第八十四期開課。
	08/04	靈鷲山基隆講堂啟建「慈悲三昧水懺法會」；臺北講堂、新營共修處舉辦「百萬大悲咒共修」。
	08/04	靈鷲山高屏講堂舉辦「水陸功德主行前教育」。

	08/05	靈鷲山佛教教團於臺北講堂舉行「2012靈鷲山觀音講座」，邀請空中大學名譽教授吳永猛先生、文化大學史學研究所教授陳清香女士以及空中大學兼任講師陳省身老師與靈鷲山法師從音聲、美術、信仰等方面介紹觀音信仰。
	08/05	靈鷲山無生道場舉辦「南山人壽企業禪」。
	08/05	靈鷲山嘉義中心舉辦「百萬大悲咒共修」；柔佛中心舉辦「大悲咒共修」。
	08/05	靈鷲山紐約道場於法拉盛喜來登大飯店啟建「中元普度地藏瑜伽法會」及舉辦敬老關懷義診公益活動。
	08/08	靈鷲山臺中講堂舉辦「法華經暨大悲咒經典共修」。
	08/10~12	靈鷲山無生道場舉辦「雲水禪三」。
捌月	08/11~12	世界宗教博物館文化生活館開幕並舉辦齋僧活動，館內含括「停雲書苑」、「時雨齋茶館」與「宗博禮品部」。
	08/11	世界宗教博物館舉辦〔善良一夏~今夏吹善風〕——「善書」與臺灣的鬼神信仰講座、〔彩虹女巫說故事〕——《書是什麼東西？》、以及於太平洋百貨雙和店舉辦「社區說故事－《故障鳥》」。
	08/11	靈鷲山中壢中心、新竹共修處及高屏講堂舉辦「大悲咒共修」。
	08/12	世界宗教博物館於太平洋百貨雙和店舉辦「說教有理－善書寶卷典藏特展」展覽導聆、「《七夕特輯》情籤博物館‧單身聯誼活動。
	08/12	靈鷲山臺南分院舉辦「夏禪~心寧靜禪修營」。
	08/12	靈鷲山基隆講堂、新營共修處舉辦「百萬大悲咒共修」。
	08/12	靈鷲山嘉義中心舉辦「水陸功德主聯誼會」。
	08/12	靈鷲山蘭陽禪堂舉辦「八關齋戒暨百萬悲願共修」。
	08/15~16	世界宗教博物館舉辦「道德思考與抉擇種子教師研習營」。
	08/15	靈鷲山臺中講堂舉辦「法華經暨大悲咒經典共修」。

和諧‧寧靜‧心和平

	08/17	靈鷲山中港中心舉辦「初一燃燈供佛」及「普門品暨大悲咒共修」。
	08/18	靈鷲山全球資訊網改版上線，網址為www.093.org.tw。
	08/18	世界宗教博物館舉辦〔善良一夏~今夏吹善風〕——漫畫‧古風‧傳奇~夏日親子半日遊活動。
	08/18	靈鷲山基隆講堂受邀參與2012壬辰年基隆中元祭「蓮花燈祈福平安法會」的第一場「蓮花燈祈福平安法會」，法會中融入心道師父所創的「寧靜一分禪」，並贈送到訪遊客寧靜手環，給民眾個自在富足的心靈生活。
	08/18	靈鷲山新營共修處舉辦「百萬大悲咒共修」。
	08/19	靈鷲山無生道場啟建「短軌圓滿施食」；臺南分院舉辦「百萬大悲咒共修」。
	08/20	靈鷲山緬甸弄曼農場長年推動有機栽種、復原地力，獲外界肯定，臺灣公共電視「南部開講」節目特赴當地採訪、拍攝有機種植經驗專題節目。
捌月	08/21	靈鷲山水陸法會啟建前，心道師父至現場巡視。
	08/22~29	靈鷲山佛教教團於桃園巨蛋啟建「2012水陸空大法會」，本屆主題「和諧慈悲‧地球平安」。22日，梁皇大壇(外壇)開壇儀式，心道師父主持灑淨開示，同日，聞天主教樞機主教單國璽辭世，師父為文悼念；23~24日，舉辦「海外功德主歡迎茶會」，師父親臨歡迎茶會現場為海外功德主們開示；25~26日，舉辦專人導覽水陸朝聖團；25日，啟建內壇結界儀式，同日，靈鷲山般若文教基金會附設出版社恭請師父於法會現場舉辦《印度朝聖 佛陀在否？》簽書會；27日，第三場齋僧法會，由中國佛教會理事長淨良長老為主禮和尚，下午展開密壇普巴金剛舞修法，傍晚啟建「幽冥戒」佛事，新北市市長朱立倫等貴賓蒞臨現場，祈願人心和諧、地球平安、世界無災；28日，舉辦「愛心贊普」頒贈活動，號召善心匯聚以慈悲布施，實踐農曆7月感恩月的真諦；29日，啟建圓滿送聖儀式，八天七夜的「和諧慈悲‧地球平安」水陸空大法會活動至此圓滿。
	08/25	世界宗教博物館舉辦「善風來襲－藝文教育教師研習」，以及〔彩虹女巫說故事〕——《皮皮放屁屁》。
	08/26	世界宗教博物館舉辦〔善良一夏〕——善書版畫裡的千秋魅影：以臺郡松雲軒出版善書為例講座。
	2012/09	靈鷲山樹林中心喬遷，新址：新北市樹林區中正路415號7樓。
	09~2013/01	世界宗教博物館舉辦「藝術人文」教學資源研習－善書藝言堂，以及「生命教育」教學資源研習－善良一夏。
	09/01	靈鷲山無生道場舉辦「雲水禪一」。
	09/02	心道師父於無生道場接受香港鳳凰網訪問。
	09/02	靈鷲山三乘佛學院於淡江大學臺北校區舉辦〔心寧靜~做情緒的主人〕——教師研習營。
	09/02	靈鷲山新北市分院啟建「慈悲三昧水懺法會」；臺北講堂舉辦「百萬大悲咒共修」。
	09/03	浙江省溫州市慈善協會偕同江蘇、浙江、遼寧、福建、新加坡等地法師，以及佛教在線文化教育參學團一行，在臺灣中華佛教居士會理事長陳聲漢、秘書長王艾的陪同下，參訪靈鷲山無生道場，並拜會心道師父。
玖月	09/03	江蘇連雲港興會寺來山參訪。
	09/05	靈鷲山臺中講堂舉辦「法華經暨大悲咒經典共修」。
	09/05	心道師父於無生道場接見中國民運人士王丹，暢談儒釋道傳統文化對現代中國的啟示作用。
	09/06	靈鷲山嘉義中心舉辦「百萬大悲咒共修」。
	09/08	靈鷲山無生道場啟建「短軌圓滿施食」；高屏講堂舉辦「百萬大悲咒共修」。
	09/08	靈鷲山佛教教團與世界宗教博物館，聯合靈鷲山新北市分院所在地的東家創世紀大樓及附近捷和生活家社區居民，共同舉辦中元普度法會，以及寧靜一分禪體驗及寧靜故事分享。
	09/08~14	靈鷲山無生道場舉辦「雲水禪七」。
	09/08	世界宗教博物館舉辦〔彩虹女巫說故事〕——《不要再笑了，裘裘！》。
	09/09	靈鷲山佛教教團於臺北國際會議中心舉辦榮董授證大會，恭請心道師父親臨並為大眾開示。
	09/09	靈鷲山護法總會於高屏講堂舉辦「中區以南儲委精進營第二堂課」。

玖月	09/09	世界宗教博物館舉辦〔善良一夏~今夏吹善風〕——菊月惜古：吹不止的風華－臺灣最老書店「瑞成書局」的前世今生〔分享會〕。
	09/09	靈鷲山基隆講堂、臺中講堂及嘉義中心舉辦「大悲咒共修」；新莊中港中心、樹林中心啟建「慈悲三昧水懺法會」。
	09/10	靈鷲山佛教基金會與世界宗教博物館發展基金會同獲內政部「2012年興辦公益慈善及社會教化績優宗教團體」表揚，宗博基金會因連續10年獲此殊榮，另獲頒「行政院獎」表揚。
	09/11	心道師父受邀於雲南佛學院演講「從本地風光到華嚴世界」，並教授禪修。
	09/12~14	心道師父應雲南佛教協會邀請，赴騰沖來鳳寺參與「中國遠征軍陣亡將士追薦超度大法會」，並於送聖當日前往國殤墓園憑弔遠征軍英靈。14日，心道師父代表靈鷲山佛教教團捐款人民幣25萬元予雲南佛教協會，協助彝良賑災所需。
	09/13	中國湖北武漢報祖寺方丈本樂長老拜訪無生道場。
	09/15	世界宗教博物館舉辦「2012年度防制校園霸凌國中教師研習營」第三次課程，並於太平洋百貨雙和店舉辦「骷髏的盛宴－認識墨西哥死亡節」講座。
	09/15	靈鷲山臺北講堂、蘭陽講堂啟建「慈悲三昧水懺法會」。
	09/16	靈鷲山三乘佛學院於嘉義市北園國小舉辦〔心寧靜~做情緒的主人〕——教師研習營。
	09/16	靈鷲山護法總會於臺北講堂舉辦「西區以北儲委精進營第二堂課」。
	09/16	2012年第十五屆周大觀全球熱愛生命獎得主及親友一行，參觀世界宗教博物館，並捐贈生命圖書1300冊予宗博館義賣，做為推動生命教育的基金。
	09/16	靈鷲山臺南分院啟建「慈悲三昧水懺法會」暨「百萬大悲咒共修」；臺中講堂啟建「慈悲三昧水懺法會」。
	09/19~23	心道師父受Fetzer Institute基金會邀請，遠赴義大利Assisi參加「全球大會：愛與寬恕的朝聖」國際會議。21日，師父接受密西根州宗教服務雜誌專訪。

玖月	09/19	靈鷲山慧命成長學院開課：「佛教心理諮商」，授課老師：元亨佛研所王方便講師；「佛學英文」，授課老師：政治大學華語教學研究所張玉玲博士；「太極導引」，授課老師：中華民國太極導引文化研究會林照富教練。
	09/19	靈鷲山臺中講堂舉辦「法華經暨大悲咒經典共修」。
	09/20	靈鷲山慧命成長學院「茶食養生」開課，授課老師：林淑子老師。
	09/21	靈鷲山慧命成長學院2012〔秋季班課程〕——唯識學概論：百法明門論，授課老師：華梵大學佛教學系教授熊琬。
	09/22	世界宗教博物館舉辦〔彩虹女巫說故事〕——《搬過來、搬過去》。
	09/22~23	靈鷲山護法總會於無生道場舉辦「幹部秋季營」，遠在義大利進行宗教交流的心道師父特別錄音為幹部開示。
	09/23	靈鷲山無生道場啟建「圓滿施食法會」。
	09/23	世界宗教博物館舉辦〔善良一夏~今夏吹善風〕——針藏．手感．布書衣〔手作工作坊〕。
	09/23~10/25	靈鷲山出版中心舉辦心道師父法教線上書展。
	09/23~24	靈鷲山高屏講堂舉辦回山朝山與齋僧。
	09/24	心道師父禪修新書《停心》委由橡樹林文化出版。
	09/26	世界宗教博物館舉辦〔善良一夏~今夏吹善風〕——古風．時尚．傳奇~夏日親子半日遊。
	09/26	靈鷲山臺中講堂舉辦「法華經暨大悲咒經典共修」。
	09/27	靈鷲山慧命成長學院2012〔秋季班課程〕——《華嚴經》選讀，授課老師：靈鷲山教團首座了意法師。
	09/28	格魯派色拉寺暨下密院卸任住持果碩仁波切，帶領全臺格魯派各區中心道場負責法師，前來靈鷲山參訪。
	09/29	靈鷲山教團與橡樹林文化於臺北講堂舉辦心道師父《停心》新書發表會，並帶領大眾體驗九分鐘禪。
	09/29	靈鷲山三乘佛學院舉辦「101學年度迎新之旅」。
	09/29	世界宗教博物館舉辦〔善良一夏~今夏吹善風〕——古風．時尚．傳奇~夏日親子半日遊活動。

10/01~31	第十一屆宗教文學獎徵文開跑,本屆主題為「喜歡生命,聆聽寂靜」。
10/03~05	心道師父受邀於江蘇無錫湖濱飯店香樟書屋,以禪修課程與民眾分享「生活就是佛」的真諦。
10/04~06	靈鷲山樹林中心啟建「華嚴懺法會暨瑜伽焰口」。
10/05~07	靈鷲山無生道場舉辦「雲水禪三」。
10/06	世界宗教博物館舉辦「2012年度防制校園霸凌國中教師研習營」第四次課程。
10/06	靈鷲山基隆講堂、花蓮共修處啟建「慈悲三昧水懺法會」;臺北講堂舉辦「百萬大悲咒共修」。
10/06	靈鷲山高屏講堂於高雄前金幼稚園舉辦〔心寧靜運動~做情緒的主人〕。
10/07	心道師父赴上海參加第一期外灘論壇-「點剎:中國經濟下行解困之策」,於論壇結束前傳授與會大眾禪修方法。
10/07	世界宗教博物館舉辦〔心寧靜~做情緒的主人〕——教師研習營。
10/07	世界宗教博物館附設文化生活館推出10月份周末文化講座,首場邀請敦煌研究院美術研究所所長侯黎明主講「知性之旅-敦煌藝術」。
10/07	靈鷲山聖山寺啟建「秋季祭典」。
10/07	靈鷲山中壢中心、臺中講堂及臺南分院啟建「慈悲三昧水懺法會」;新北市分院啟建「大悲懺法會」。
10/09~19	靈鷲山無生道場舉辦「僧眾秋季禪修-精進班」。
10/13	世界宗教博物館舉辦〔彩虹女巫說故事〕——《不准過來》。
10/13~28	世界宗教博物館受邀參與「2012新北市永和HAPPY『購』」活動,宗博館於開幕活動安排異國結婚儀式與服飾走秀,呈現各宗教文化的力量及獨特之處。
10/13	靈鷲山基隆講堂舉辦朝禮聖山活動。
10/13	靈鷲山高屏講堂舉辦「百萬大悲咒共修」。
10/14	世界宗教博物館附設文化生活館推出10月份周末文化講座,第二場邀請首座了意法師主講「心靈有約:禪學」,現場並有經典心經組曲吟唱活動。
10/14	靈鷲山基隆講堂舉辦「百萬大悲咒共修」。
10/17	靈鷲山無生道場啟建「短軌圓滿施食法會」。
10/19	浙江省舟山市臺辦主任張欣南等一行貴賓參訪靈鷲山無生道場,就2013年靈鷲山多羅觀音奉安普陀山等兩岸宗教文化交流事宜,與心道師父交換意見。
10/20	靈鷲山佛教教團為祝心道師父聖壽,邀請四眾弟子與師賓敘,並於無生道場文化走廊籌設「上師百供」展覽。
10/20	靈鷲山臺北講堂啟建「慈悲三昧水懺法會」。
10/21	靈鷲山基隆講堂繼2004年後,再度假新北市金山區中山堂舉辦「基金陽金淡金公路祈安超度大法會」,並安排供燈、義剪、義醫等活動。
10/21	世界宗教博物館附設文化生活館推出10月份周末文化講座,第三場邀請黃介吳老師現場示範「咖啡烘焙」。
10/21	世界宗教博物館舉辦〔善良一夏·今夏吹善風〕——百變紙藝。珍存。記憶[手作工作坊]。
10/21	靈鷲山臺南分院舉辦心道師父《停心》禪修新書簽書會。
10/21	靈鷲山護法會新北市A區願力委員於無生道場舉辦聯誼活動,並恭請心道師父蒞臨會場開示。
10/21	靈鷲山桃園講堂啟建「慈悲三昧水懺法會」。
10/22~23	靈鷲山佛教教團啟建「上師聖壽小齋天法會」。23日,心道師父壽辰,四眾弟子感念師恩,於無生道場啟建吉祥法會,共修及燃燈供佛,祈請上師福體康健。
10/24	靈鷲山佛教教團邀請新北市永和國中師生體驗心寧靜運動,為「2012寧靜運動——寧靜大會師」先行暖身,並由心寧靜運動教師團資深教師黃月花帶領師生一同感受寧靜心靈力。
10/25~28	心道師父馬來西亞吉隆坡弘法行。28日,於馬來西亞佛堂主法「觀音薈供」法會。

拾月

10/26	靈鷲山無生道場舉辦「雲水禪一」。
10/27	靈鷲山三乘佛學院於臺北講堂舉辦「青年佛學一日營」。
10/27	世界宗教博物館舉辦〔彩虹女巫說故事〕——《我的第一隻狗》，以及〔善良一夏~今夏吹善風〕——籤詩藏千事講座。
10/27	靈鷲山高屏講堂舉辦〔心寧靜運動~做情緒的主人〕。
10/28~11/07	靈鷲山無生道場舉辦「僧眾秋季禪修－基礎班」。
10/28	靈鷲山寂光寺啟建「地藏法會暨瑜伽焰口法會」。
10/30~31	心道師父應大陸河南佛學院副院長隆藏法師邀請，前往桐伯的河南佛學院教授禪修。

拾壹月

11/01	靈鷲山佛教教團於新北市政府舉行「寧靜一分鐘‧生命大不同」記者會，邀請大眾於11月10日到新北市四號公園體驗「寧靜是宇宙最大的能量」。
11/01~07	靈鷲山無生道場舉辦「僧眾秋季禪修（基礎）」。
11/01~11	靈鷲山無生道場與東北角暨宜蘭海岸國家風景區管理處合作舉辦「草嶺古道芒花季」，推出靈鷲山賞芒步道，體驗佛陀禪味的慢活時光。
11/01	靈鷲山嘉義中心舉辦「百萬大悲咒共修」。
11/02	由靈鷲山佛教教團、世界宗教博物館、國際非政府組織「愛與和平地球家」（GFLP）及北京大學哲學系、北京大學佛教研究中心聯合主辦「儒釋道思想與當代生活的詮釋與實踐」研討會在北京大學召開。
11/03	靈鷲山臺北講堂、桃園講堂舉辦「大悲咒共修」；蘭陽講堂啟建「慈悲三昧水懺法會」。
11/04	靈鷲山樹林中心舉辦「大悲咒共修」。
11/04	心道師父應香港旭日集團董事長楊釗居士之邀，於香港主法「觀音百供法會」。
11/04	靈鷲山佛教教團舉辦「2012寧靜運動志工培訓」。
11/07	靈鷲山臺中講堂啟建「慈悲三昧水懺法會」；嘉義中心舉辦「百萬大悲咒共修」。

拾壹月

11/08	靈鷲山無生道場啟建「短軌圓滿施食」；基隆講堂舉辦「百萬大悲咒共修」。
11/09	世界宗教博物館十一周年慶，與tittot琉園合作「磬典祈福‧寧靜之聲」，為館慶特展揭開序幕。心道師父與各宗教領袖在宗博館館慶典禮，以「一句祝福一聲磬」的敲磬祈福儀式，為世界祈福。此外，並成立「尊勝會」，邀請財團法人王永慶先生教育基金會董事長王文洋等人參與，以「提升生活品質、推動生命教育」為宗旨，將「2300萬人的幸福學堂」計畫從大臺北地區擴及全臺。
11/09~25	世界宗教博物館舉辦「磬典祈福‧寧靜之聲」特展。
11/10	靈鷲山佛教教團於新北市四號公園舉辦「2012年寧靜運動心光祈願會」。心道師父、新北市市長朱立倫及現場貴賓為全世界點亮寧靜心燈。
11/10	世界宗教博物館舉辦〔彩虹女巫說故事〕——《蘿拉的藏寶圖》。
11/10	靈鷲山新竹共修處、高屏講堂舉辦「大悲咒共修」；臺南分院啟建「慈悲三昧水懺法會」。
11/11	靈鷲山佛教教團於新北市三重區修德國小啟建2013年第一場水陸法會先修－「藥師普佛暨三時繫念法會」；基隆講堂舉辦「百萬大悲咒共修」；臺中講堂啟建「慈悲三昧水懺法會」；嘉義中心啟建「藥師普佛暨大悲寰宇法會」；蘭陽講堂舉辦「八關齋戒暨百萬悲願共修」。
11/11	靈鷲山無生道場舉辦「雲水禪一」。
11/11	世界宗教博物館舉辦《愛在博物館》單身聯誼活動。
11/12~12/02	心道師父進行為期21日閉關。
11/12	海地國會訪臺團，由海地駐臺大使庫珀（Ms. Rachel Coupaud）帶領內政暨國土委員會主席喬瑟夫（Mr. Joseph）、外交委員會副主席畢艾梅（Jean Baptiste Bien-Aime）等人參訪世界宗教博物館。
11/13	靈鷲山新營共修處、高屏講堂舉辦「百萬大悲咒共修」。
11/14~18	靈鷲山臺北講堂啟建「梁皇寶懺暨瑜伽焰口施食法會」。

和諧‧寧靜‧心和平

11/14	靈鷲山蘭陽講堂舉辦「八關齋戒暨百萬悲願共修」。
11/17	世界宗教博物館舉辦「《戲夢取經。好神氣》免費戲臺子」，邀請亦宛然布袋戲團表演。
11/17	靈鷲山蘭陽講堂啟建「慈悲三昧水懺法會」。
11/18	靈鷲山佛教教團於臺南大東夜市舉辦「愛在鳳凰城園遊會暨社區關懷舞蹈比賽」，活動主題為「三心愛地球」－孝心，關心，慈悲心。歷屆普仁獎得主並到場擔任「愛與和平小天使」，推動寧靜校園無霸凌、無暴力運動。
11/18	世界宗教博物館舉辦宗博文化生活館11月周日講座，邀請涂承恩老師主講「自然醫學知識」。
11/18	靈鷲山桃園講堂、臺中講堂啟建「慈悲三昧水懺法會」；高屏講堂於龍華國中啟建「慈悲三昧水懺法會」；泰國講堂啟建「大悲觀音祈福暨瑜伽焰口施食法會」。
11/19~25	靈鷲山無生道場舉辦「雲水禪七」。
11/21~25	靈鷲山新北市分院啟建「梁皇寶懺暨瑜伽焰口法會」。
11/21	靈鷲山臺南分院、臺中講堂舉辦「大悲咒共修」。
11/22	世界宗教博物館「2300萬人的幸福學堂」活動，邀請新北市三峽區插角國小學童來館參觀。
11/24~25	靈鷲山無生道場舉辦導覽團培訓。
11/24	世界宗教博物館舉辦「幼兒生命教育」教學資源研習，以及〔彩虹女巫說故事〕－－《早安，長耳先生》
11/24	靈鷲山新莊中港中心舉辦「大悲咒共修」。
11/25	靈鷲山護法總會於臺南分院舉辦「南場委員精進營」。
11/25	世界宗教博物館舉辦《神呼其藝》濕婆之舞－不可思議的印度神話之舞，以及宗博文化生活館11月周日講座，邀請涂承恩老師主講「自然醫學知識」。
11/25	靈鷲山樹林中心、新竹共修處啟建「慈悲三昧水懺法會」。
11/25	靈鷲山高屏講堂舉辦「一日禪」。
11/25	靈鷲山心寧靜教師團團長宋慧慈老師，受邀參與「佛光山2012生耕致富親子教育論壇」，偕同佛光大學校長楊朝祥、佛光山慧寬法師等，討論「親子間的情緒管理」議題，並分享如何透過寧靜口訣與寧靜手環，做好情緒管理。
11/27~12/01	靈鷲山基隆講堂啟建「梁皇法會」。
11/27	靈鷲山高屏講堂舉辦「心寧靜運動　做情緒的主人」。
11/30	第三屆靈鷲山普仁獎澎湖縣頒獎典禮於澎湖特殊教育資源中心舉行，由靈鷲山慈善基金會執行長洞音法師及澎湖縣縣長王乾發等各界貴賓聯合頒獎，鼓勵26位品德操行優異的獲獎同學。
12/01	靈鷲山無生道場舉辦「雲水禪一」。
12/01	靈鷲山臺北講堂舉辦「百萬大悲咒共修」；臺東中心啟建「慈悲三昧水懺法會」。
12/02	靈鷲山慈善基金會於臺中市中港市政大樓舉辦「臺中區普仁獎頒獎典禮暨活力園遊會」。
12/02	靈鷲山新北市分院啟建「大悲懺法會」；臺南分院、中壢中心啟建「慈悲三昧水懺法會」。
12/03	心道師父於冬季21日閉關圓滿日，為全山僧眾傳授「聖千手千眼大悲觀音成就法」灌頂。
12/05	靈鷲山新營共修處啟建「藥師祈福法會」。
12/06	墨西哥尤坦卡半島的梅里達將於12月14日舉辦「馬雅文化節」，特邀心道師父就末日傳言錄製開示影像。
12/08~09	靈鷲山護法總會於無生道場舉辦幹部冬季營。
12/08	世界宗教博物館「說教有理－善書寶卷典藏特展」系列活動，特與勸馨文教基金會合作舉辦「舊愛好事－捐舊物免費看博物館」。同日，舉辦〔彩虹女巫說故事〕－－《哈維·史藍芬伯格的聖誕禮物》。
12/08	靈鷲山高屏講堂舉辦「百萬大悲咒共修」。
12/09	世界宗教博物館舉辦「《神呼其藝》人神共鳴－基督宗教音樂」講座與音樂賞析。

拾壹月

拾貳月

12/09	靈鷲山基隆講堂舉辦「百萬大悲咒共修」。	
12/10~11	來自不丹的嘉虞租古仁波切參訪靈鷲山無生道場及世界宗教博物館。嘉虞租古仁波切是世界宗教博物館「朝聖步道」牆面上眾多宗教朝聖者之一。	
12/10	靈鷲山無生道場啟建「短軌圓滿施食」。	
12/12~19	靈鷲山佛教教團舉辦「緬甸朝聖暨供萬僧」，由心道師父率領四眾弟子前往緬甸朝聖暨供僧。	
12/14~16	靈鷲山無生道場舉辦「雲水禪三」。	
12/14	靈鷲山慈善基金會於基隆市豪鼎飯店舉辦「2012靈鷲山普仁獎基隆區頒獎典禮」。	
12/15	靈鷲山護法總會於無生道場舉辦「北一場委員精進營」。	
12/15	世界宗教博物館「說教有理－善書寶卷典藏特展」系列活動，特與勸馨文教基金會合作舉辦「舊愛好事－捐舊物免費看博物館」。同日，舉辦〔彩虹女巫說故事〕──《不一樣的聖誕禮物》，以及「千古琴緣特展－禪與琴樂古琴講座」，邀請中國古琴學會副秘書長馬維衡主講。	
12/15	靈鷲山臺北講堂啟建「慈悲三昧水懺法會」；蘭陽講堂啟建「三時繫念法會」。	
12/15~16	世界宗教博物館舉辦「道德思考與抉擇種子教師研習營」。	
12/16	靈鷲山護法總會於無生道場舉辦「北二場委員精進營」。	
12/16	靈鷲山新莊中港中心啟建「慈悲三昧水懺法會」；臺南分院啟建「藥師祈福法會」。	
12/16	靈鷲山慈善基金會於靈鷲山嘉義中心舉辦「第七屆嘉義區普仁獎頒獎」，另於國立科學工藝博物館舉辦「靈鷲山普仁獎高屏地區頒獎典禮」。	
12/17~23	靈鷲山佛教教團舉辦「第二梯次緬甸供萬僧」。	
12/18~2013/01/20	世界宗教博物館舉辦「千古琴緣－臺灣古琴藝術展（MIT）」特展。	
12/19~2013/01/23	靈鷲山慧命成長學院開設「太極導引」課程。	

12/21	馬雅預言世界末日當天，為安定浮動人心、祈求地球平安，靈鷲山全臺各講堂、據點同步舉辦「冬至平安　祈福法會」，祈以〈大悲咒〉功德迴向地球平安。	
12/22	靈鷲山護法總會於臺北講堂舉辦「北三場委員精進營」。	
12/22	世界宗教博物館舉辦「千古琴緣特展－雅集（古琴演奏會）」，邀請中國古琴學會副秘書長馬維衡先生、輔仁大學社會科學院陳德光院長等古琴名家演奏。	
12/22	靈鷲山臺南分院啟建「慈悲三昧水懺法會」。	
12/23~2013/01/06	靈鷲山無生道場舉辦「僧眾華嚴閉關」。	
12/23	靈鷲山無生道場啟建「圓滿施食法會」。	
12/23	靈鷲山護法總會於臺北講堂舉辦「北四場委員精進營」。	
12/23	世界宗教博物館舉辦「愛的森林聖誕化妝舞會」。	
12/25~29	心道師父率僧眾前往北京，展開為期5日的弘法暨參訪之旅，期間並為與北京首都博物館合作展出之「世界宗教博物館宗教藝術文化特展」主持開展記者會及開幕儀式。29日，心道師父在北京的弟子成立「明炬讀書會」。	
12/29~2013/03/10	世界宗教博物館與北京首都博物館合作，於首博展出「世界宗教博物館宗教藝術文化特展」。	
12/29	世界宗教博物館舉辦「《神呼其藝》寶卷，卷卷是歌－民間信仰的說講藝趣」免費講座與教唱體驗，以及「千古琴緣特展－古琴與漆藝製作-古琴講座」，邀請北京中國崑劇古琴研究會孫于涵理事主講。	
12/30	世界宗教博物館舉辦《藝想好神。好好玩》親子遊活動。	
12/30	靈鷲山紐約道場啟建「圓燈法會與共修」。	

和諧・寧靜・心和平
——靈鷲山2012弘法紀要

總 策 劃　　釋了意

編　　審　　靈鷲山文獻暨出版中心
編 輯 群　　釋法昂、陳坤煌、洪淑妍、彭子睿、梁真瑜、陳冠勳
美術設計　　徐世偉
資料提供　　靈鷲山資料中心
影片剪輯　　靈鷲山數位媒體中心
圖片提供　　靈鷲山攝影組志工

發 行 人　　歐陽慕親
出版發行　　財團法人靈鷲山般若文教基金會附設出版社
地　　址　　23444新北市永和區保生路2號21樓
電　　話　　(02)2232-1008
傳　　真　　(02)2232-1010
網　　址　　www.093books.com.tw
讀者信箱　　books@ljm.org.tw

法律顧問　　永然聯合法律事務所
印　　刷　　皇城廣告印刷事業股份有限公司
初版一刷　　2013年01月
定　　價　　新臺幣600元
I S B N　　978-986-6324-45-1

國家圖書館出版品預行編目(CIP)資料

和諧・寧靜・心和平：靈鷲山2012弘法紀要.
2012/釋法昂等編輯. --初版. --新北市：
靈鷲山般若出版, 2013.01
面；公分
ISBN 978-986-6324-45-1(平裝)

1.佛教教化法 2.佛教說法

225.4　　　　　　　　　　102000864